라캉을 둘러싼 인문학

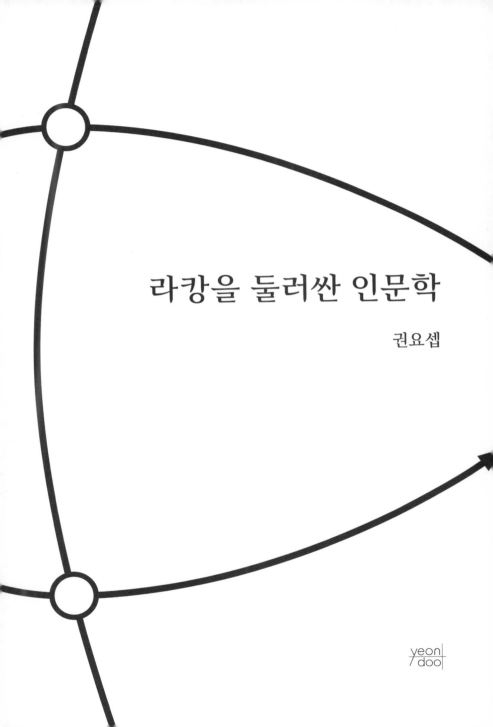

라캉을 둘러싼 인문학

권요섭

yeon
doo

차례

"정신분석을 공부하는 데 인문학을 꼭 알아야 하나요?"
정신분석학 강의 중 나온 질문이었습니다. 정신분석학은 뉴런과 시냅스와 같은 자연과학적 연결고리뿐 아니라 오이디푸스, 일렉트라, 안티고네 등의 신화, 기호학, 인류학, 미술, 문학 등의 인문학을 넘나듭니다. 정신분석학을 공부한 사람들에게는 이러한 융합적 접근이 자연스럽습니다. 저는 지극히 당연하게 인류학과 기호학, 철학과 문학을 넘나들며 정신분석을 가르쳤고, 이 질문을 받기 전에는 왜 이렇게 해야 하는지에 대해서 학생들에게 설명해준 적이 없었습니다. 그리고 이 질문은 저를 깊은 생각으로 안내했습니다.

정신분석학은 정신과 의사들이 치료의 도구로 활용하기 때문에 자연과학과 접촉점을 갖고 있습니다. 그래서 일종의 의료 행위로 이해되기도 합니다. 그런데 철학자들이 철학적 개념을 정의하는 데도 사용하고, 문학평론가들이나 영화평론가들이 작품을 평론하는 데도 사용합니다. 상담사나 심리학자, 건축학자, 화가, 무용가, 기자, 시인에 이르기까지 정신분석 이론을 사용하는 분야는 제한이 없는 것

같습니다.

　그럼 왜 이렇게 많은 분야에서 정신분석 이론을 사용하는 것일까요? 그건 정신분석이 형성되는 과정에서 많은 분야의 학문으로부터 영향을 받았기 때문입니다. 쉬운 이해를 위해서 '영향을 받았다'고 표현했지만, 사실 정신분석은 인간의 정신 원리를 토대로 하기 때문에 인간이 하는 모든 활동에 '있었던' 원리를 발견한 것이라는 게 더 바른 표현일 것입니다. 인간이 하는 모든 활동에는 인간의 정신이 드러나고, 인간의 정신이 드러난 현장에서 정신분석의 원리를 발견할 수 있었던 것이지요. 그래서 정신분석을 배우기 위해서 '인간이 하는 모든 활동'을 배울 필요가 있습니다.

　인간의 정신은 감각과 정보들이 종합되는 방식으로 형성되며, 종합된 결과만 확인이 가능합니다. 그러나 정신분석은 이미 종합된 인간의 정신을 분석하는 정신 역행의 과정입니다. 인간의 사고와 감정, 행동은 모두 인간의 감각과 정보들이 '종합'된 결과물입니다. 종합된 결과물만 드러나기 때문에 종합으로서의 정신이 어느 한쪽으로 치우치거나 과도하거나 결핍이 되어도 어느 부분이 치우치고 어느 부분이 과도하며 어느 부분이 결핍이 되었는지 알 수 있는 방법이 없지요. 그래서 정신분석은 종합된 정신을 세밀하게 나누고 분석하는 작업을 합니다. 그렇게 나누고 분석해보면 어느 부분이 치우쳤는지, 어느 부분이 과도한지, 어느 부분에 결핍이 있는지 알 수 있게 되지요. 그리고 치우치거나 과도한 것, 결핍된 것에 균형을 잡으며 재종합하는 것이 정신분석 과정입니다.

　그렇다면 정신을 어떻게 분석하게 되는 걸까요? 인간의 정신은 문학과 예술, 역사, 철학, 건축, 신화 등을 통해 드러납니다. 정신분석적인 용어를 쓰자면 인간의 정신은 인간이 살아가는 모든 것에 '투사'됩니다. 그래서 한 사람의 삶과 글쓰기, 예술 활동 등을 보면 그 사람의 삶의 행적과 예술 작품에 그 한 사람의 정신이 투사되어 과도와 결핍을 관찰할 수 있지요. 수없이 많은 사람에 의해 수정되고 보완된 역사와 신화에는 인간의 보편적인 정신이 '투사'되었습니다. 이러한 방법으로 인간의 소통 원리에 기반한 기호학과 언어학에는 정신 소통의 원리가, 문화학이나 인류학에는 군집과 시대에 따른 정신의 원리가 투사되어 있지요. 그래서 예술과 문학, 역사, 신화, 문화, 기호를 분석함으로, 역으로 인간의 정신의 종합의 과정과 원리를 도출할 수 있습니다. 그리고 이러한 정신분석학의 결과물들은 역사 속의 많은 인문학자의 각 분야에서 정신분석을 활용한 연구들과 정신분석가들의 개인 분석 사례와 자연과학자들의 뇌 연구 등을 통해 동의 받고 수정되며 발전합니다. 이것이 인간의 정신이 걸쳐 있는 모든 분야에 정신분석이 관여하는 이유이자 정신분석을 배우기 위해 정신분석에 영향을 준 인문학을 배워야 하는 이유입니다.

　본 저서에서는 라캉의 정신분석 이론이 인문학과 어떤 상관관계에 있는지를 살펴보고자 합니다. 본 저서를 읽고 나면 정신분석이 인문학으로부터 어떤 영향을 받았는지, 왜 정신분석이 인문학과 떨어질 수 없는 관계에 있는지, 왜 인문학을 알고 정신분석에 접근한 사람과 인문학적 토대가 없이 정신분석에 접근한 사람이 다른 이해를 갖게 되는지를 알게 될 것입니다.

정신분석과 인문학의 관계를 정리하기 위해 라캉이라는 학자를 불러온 이유는 라캉이 정신분석의 원리를 정의하기 위해 인문학을 가장 많이 사용하였으며, 정신분석 이론을 가장 방대하게 남겼기 때문입니다. 라캉은 정신분석의 대체적인 이론들을 포괄하여 자신의 이론을 구축하였습니다. 그리고 철학뿐 아니라 문화인류학, 기호학, 언어학, 문학, 미술, 음악을 넘나들며 인간의 손길이 닿는 모든 것에 정신분석을 연결시켰습니다. 그렇게 만들어진 그의 이론들은 현대 예술과 문학뿐 아니라 상담과 심리학에도 지대한 영향을 주었습니다. 무엇보다도 라캉은 정신치료와 정신분석의 역사가 인문학적 사유에 기인한다는 것을 숨기지 않습니다. 정신분석이 정신의학이나 프로이트부터 출발했다고 보기보다 스피노자나 데카르트 같은 이전 세대의 인문학자들의 사유에 영향 받았음을 당연한 듯이 구술해 나갑니다. 또한 라캉의 이론들이 인문학적 배경과 함께 설명되는 경향이 많다 보니 인문학적 배경이 없이 활용될 때 오해를 불러오기도 합니다. 라캉의 여러 이론, '상상계-상징계-

실재계’ 이론, ‘욕구-요구-욕망’ 이론, 타자와 자아의 관계를 설명한 ‘거울단계이론’, ‘정동에 고유한 이름 붙이기’, 내담자의 말을 전적으로 수용하여 충동에 접근하는 분석가 담화 등은 현대 상담에서도 많이 활용되는 것이지만 이 이론들이 라캉에서 기인한다는 것은 잘 알려지지 않았습니다. 그러다 보니 기법과 개념만 남고 이러한 이론이 어떤 배경에서 만들어졌는지에 대한 이해가 없이 활용하기도 합니다. 그래서 오용되거나 라캉의 의도와 반대로 사용되는 사례도 종종 확인할 수 있습니다. 이를테면 ‘요구되지 않은 욕구는 욕망이 된다’는 라캉의 욕망이론의 명제를 토대로 상담사들은 ‘욕구를 요구하기’라는 상담의 기법을 만들어 적용합니다. 이렇게 간단한 적용도 나름의 기술이 될 수는 있겠지만 라캉이 정말로 말하고자 한 것은 ‘욕망’에 있습니다. 본 저서의 9장에서 욕망이론을 자세히 설명하겠지만, 인간의 언술화로 욕구가 요구에 갇히면서, 모든 욕구가 요구될 수는 없고 욕망이 형성되는 것은 불가피하기 때문에 욕망을 다룰 수 있어야 한다는 것이 라캉의 욕망이론의 요지입니다. 이러한 욕망이론의 배경을 설명하기 위해 라캉은 스피노자의 코나투스와 하이데거의 존재 개념을 불러옵니다. 코나투스 개념을 통해 욕망은 불가피하다는 것을 알 수 있고, 존재 개념을 통해 욕망의 실체에 접근할 수 있습니다. 코나투스와 존재 개념에 대한 이해 없이는 ‘욕구를 요구하면 되잖아’와 같이 간단하게 인간의 정신역동을 정의 내리고 말지요. 라캉의 주요 이론들과 그 배경에 있는 인문학들을 연결시키는 것은 라캉의 이론을 바르게 이해하게 할 뿐 아니라 정신분석이라는 학문을 이해하는 데도 큰 도움이 될 것입니다.

본 저서는 라캉의 정신분석 이론과 그 이론에 영향을 준 인문학을 짝지어 하나의 장으로 구성하였습니다. 라캉은 27년 동안 27개의 세미나에서 27개의 이론을 구성하였지만, 본 저서는 숙련된 정신분석학자가 아니라 라캉이나 정신분석에 입문하는 수련자들을 위하여 기술된 관계로 어려운 이론들을 빼고 주요 이론 10개만을 기술하였습니다. 비록 10개의 이론만을 정리하여 구성하였지만 가장 핵심적인 이론들이기 때문에 라캉의 이론과 인문학의 관계를 이해하는 데 도움이 될 것입니다.

본 저서는 강의안의 일부를 수정하여 만들었습니다. 그리고 가능하면 라캉과 각 인문학자의 이론을 해석하거나 변형하지 않고 그대로 전달하려다 보니 문장이 무미건조합니다. 예화나 예시도 없어서 쉽게 읽히지 않습니다. 그러나 한 문장씩, 한 단락씩 해석해 가다 보면 기호학의 세계와 정신분석학의 세계, 철학의 세계와 정신분석학의 세계, 문화인류학의 세계와 정신분석학의 세계가 서로 연결되며 종합되는 경험을 하게 될 것입니다.

1장\
\칸트의 물자체와 라캉의 큰사물

　라캉의 정신분석 실천은 현상의 이면이 현상에 미치는 영향을 분석하고 현상의 이면에 숨겨져 있던 진리를 현상으로 끌어들이는 방식을 취한다. 그렇기 때문에 드러난 현상과 규칙만을 정신분석의 기초로 삼는 자연과학적 방식을 지양한다. 이는 프로이드가 말했던 '무의식의 의식화' 개념과 유사한 것처럼 보이지만, 정신분석 실천에 있어서 상당한 차이가 있다. 현상의 이면을 무의식으로 정의하고, 현상을 의식으로 정의하면 프로이드와 일치하는 것처럼 보이지만, 프로이드의 정신분석의 무게 중심은 '의식화'에 있고 라캉의 정신분석의 무게 중심은 '현상의 이면'에 있다. 프로이드의 정신분석의 목적은 무의식을 의식으로 변화시키는 것이고 라캉의 정신분석의 목적은 현상의 이면이 현상을 변화시키는 것이다. 라캉의 정신분석에서 현상의 이면을 무의식이라고 표현하지 않는 이유는 무의식을 포함하는 더 넓은 개념이자 무의식을 구성하는 동력이 되기도 하며 심지어 의식화되어 있는 것들도 있기 때문이다. 무의식은 의식이었으나 억압되어 사라진 것의 의미라면 현상의 이면이

란 현상되지 않았던 것들, 의식된 적이 없는 것을 포함한다. 더불어 의식되었음에도 현상될 수 없는 것들도 포함한다. 즉 머리에는 맴돌지만 말할 수 없는 것, 심지어 상상조차 해보지 못했던 어떤 것들을 모두 포함한다. 현상의 이면이란 현상의 반대편에 있는 것들과 현상의 또 다른 모습을 모두 의미한다.

현상의 이면을 이해하기 위해서 잠시 현상에 대해서 정리할 필요가 있다. 현상을 정리하기 위해서는 플라톤의 철학까지 거슬러 올라간다. 플라톤은 이데아와 현상을 구분하였다. 플라톤은 이데아가 실체고 현상은 실체를 감각하는 일종의 가상일 뿐이라고 여겼다. 플라톤에게 있어서 현상은 이데아에 비하여 하등한 세계다. 인간이 보고 듣고 만지는 모든 감각은 가상일 뿐이고 실체는 이데아다. 그 이데아를 알 수 있는 것은 감각이 아니라 이성이다. 현상은 이데아의 그림자일 뿐이기 때문에 이데아는 완전하고 현상은 불완전하다. 그래서 이성은 완전하고 감각은 불완전하다. 그렇기 때문에 플라톤은 감각이 추구하는 것은 하등한 것으로 이성이 추구하는 것은 고등한 것으로 이해하였다.

플라톤의 현상과 이데아는 칸트에게서 현상과 물자체로 구분된다. 칸트에게 현상은 인간이 감지할 수 있는 영역이다. 인간이 보는 달은 엄지손톱만 한 크기의 발광체다. 더군다나 인간의 감각에는 달의 한 표면만이 들어온다. 이렇게 인간이 감지할 수 있는 영역이 현상이다. 그러나 현상이 사물의 모든 것은 아니다. 분명히 현상 너머의 사물이 있다. 인간이 감각할 수 없는 달의 이면처럼 인간이 감지하지 못하는 영역을 포함한 모든 사물을 물자체라고 한다. 현대는 우주에 대한 연구가 되어 있어서 달의 이면이 있다는 것을 알고 있지만, 고대인들은 달의 이면이 있다는 것을 알 방법이 없었다. 이렇듯 인간이 보고 접하는 사물들에 전혀 알 수 없는 영역이 분명히 존재한다. 현상으로 나타나지 않는 물자체 개념은 달과 같은 사물에만 적용되지 않는다. 상황에도 현상과 물자체 개념이 적용된다. 사람은 자기가 경험한 부분만을 인식한다. a와 b가 각각 다른 입장, 다른 역할에서 같은 상황을 바라본다고 가정해보자. 비록 상황이 같아도 a와 b는 다른 현상으로 인식하게 된다. 한 상황은 a와 b의 두 현상으로만 나타나지 않는다. 백 명의 사람이 각각의 역할과 입장이 있었다면 하나의 장면이 백 개의 현상으로 나타난다. 그래서 다툼이 생기고, 오해가 만들어지며, 정당이 나눠지고, 전쟁이 일어난다. 이러한 현상과 물자체 개념은 인생관과 세계관 같은 관념과 이데올로기에도 적용된다. 이러한 물자체에 대한 현상의 이해는 인간의 인식틀을 구성한다. 모든 물자체는 인간의 인식틀을 거쳐서 각 개인에게 존재한다. 인식틀은 '감각-지각-통각'을 통해 구성된다. 감각은 시각, 청각, 후각, 촉각, 미각으로 인간의 신체를 통해 외부를 처음으로 인지하는 '각覺:깨달음'이며 지각은 감각한 것을 뇌가 인지하는 것이다. 통각은 뇌가 받아들인 감각들을 종합하여 사물을 개념화하는 것이다. 인식틀의 그물망을 통해 물자체를 현상화하지 않으면 개인에게 사물은 존재하지 않는다. 즉 물자체를 현상으로 전환하는 것은 인식 능력이고, 세상은 실체로서의 물자체와 상관없이 인식하는 만큼 존재한다. 인식 능력이 없으면 물자체는 현상하지 않는다. 바꿔 말하자면 세상에는 개인에게 인식되지 않은 물자체, 현상되지 않은 물자체가 무한하게 존재한다.

라캉의 큰사물은 흡사 칸트의 현상되지 않는 물자체와 같다. 다만, 칸트의 물자체는 현상되든지 현상되지 않든지 존재 자체로서 머물러 있지만, 라캉의 큰사물은 심리적 물자체로서 현상의 이면에 있으면서 현상에 막강한 영향력을 행사한다. 큰사물 개념을 처음으로 사용한 것은 라캉이 아니라 프로이드였다. 프로이드는 사물을 의미하는 독일어 'das ding'을 대문자로 사용하여 큰사물Das Ding이라고 하였다. 프로이드는 자신의 논문 「심리학 초고」에서 인간 심리의 중심에 존재하는 대상을 큰사물이라고 불렀다. 정신의학자였던 프로이드는 인간의 심리는 결국 뇌신경 과학의 영향 아래 있다고 보고 큰사물을 일종의 뉴런Neuron으로 보았다. 그러나 라캉은 큰사물을, 프로이드의 뇌신경 과학의 개념에 가둬두지 않고, '인간 심리 중심에 존재하는 대상'이라는 정의만을 가져와서, 현상의 이면에 자리 잡은 가장 중요한 정신분석학적 개념으로 확장했다.

큰사물의 가장 큰 특징은 현상에 포획되지 않는다는 것이다. 그것은 사물성과 언어성에서 가장 직관적으로 드러난다. 인간은 사랑이라는 단어로 사랑을 담아내지 못한다. 실체로서의 사랑은 'ㅅㅏㄹㅏㅇ'이라는 문자에 재현되지 않는다. 그래서 사랑한다고 말하지만, 다 표현하지 못한 것 같고 뭔가를 더 표현해야만 할 것 같은 답답함과 불안과 밋밋함에 휩싸인다. '사랑'이라는 단어에 사랑 그 자체로서의 큰사물이 담기지 않기 때문이다. 사랑이라는 단어로서의 현상에 담기지 않은 현상의 이면이 잔여물로 남아서 '사랑한다'고 말한 사람의 마음을 불만족스럽게 만든다. 인간 세계에는 '언어'라고 하는 현상화를 위한 시스템이 있지만 물자체로서의 '사랑'은 언어 시스템으로 들어오지 못한다. 이렇게 현상에 포획되지 못한 채 남는 큰사물은 심리의 중심에 자리 잡아 언제고 현상으로 튀어나올 준비를 한다. 그렇게 현상되지 못한 큰사물은 개인이 원하지 않는 어떤 때에, 통제할 수 없는 상황에서, 통제하기 어려운 분량으로 튀어나온다. 튀어나오는 방법은 매우 다양한데 애정의 과도로서의 집착이나 도착일 수도 있고, 망상이나 꿈일 수도 있으며, 통제되지 않는 정동이나 언어일 수도 있고, 자극적인 쾌락이나 타자들의 욕망을 선취하는 방식일 수도 있다. 이러한 방식으로 튀어나오는 큰사물은 자기 심리의 중심에 자리 잡고 있었는데도 매우 낯설게 느껴지는데 그 이유는 익숙한 방식의 '현상'이 아니기 때문이다.

큰사물이 현상에 포획되지 않는다는 의미는 언어로 재현할 수 없다는 정도의 일상적 현상만을 의미하지 않는다. 제도로, 이데올로기로, 심지어 신체로도 포획할 수 없다. 현상으로 나타난 제도가 오직 결혼한 가정들만을 중심으로 조직되어 있다면 결혼하지 않은 '물자체로서의 인간'은 현상에 나타나지 않는다. 현상으로 나타난 제도가 오직 남자와 여자로만 조직되어 있다면 남자도 여자도 아닌 '물자체로서의 인간'은 현상에 나타나지 않는다. 현상으로 나타난 제도가 한국인이라는 인종과 국적을 가진 '정주민'을 중심으로만 조직되어 있다면 한국인이 아니거나 한국의 국적을 갖지 않은 '물자체로서의 인간'은 최소한 한국에서는 현상에 나타나지 않는다. 이 모든 상황에서 '물자체로서의 그냥 인간'은 그 사회에 매우 낯설다. 심지어 현상되지 않은 인간 자신도 자기가 낯설게 느껴진다. 이때 큰사물은 현상이 용납하지 않기 때문에 현상의 이면에 숨어 있지만, 현상으로부터 깊은 곳으로 멀어져 있지 않고, 현상의 접촉면에 붙어서 언제고 튀어나올 준비를 한다.

이렇게 튀어나오는 큰사물은 과도하고 낯설기 때문에 현상의 질서를 파괴할 가능성이 높다. 그래서 대체적인 금기와 도덕법은 큰사물을 본격적으로 억압한다. 큰사물은 이 금기와 도덕법을 피하기도 하지만 맞서기도 하고, 금기와 도덕법의 가장자리에 붙어서 근근한 위반으로 현상 위로 올랐다 숨었다를 반복하기도 한다. 이때 큰사물과 금기 사이에서 줄다리기를 하는 '자기'는 쾌와 불쾌 사이를 오가며 교차되는 자극을 경험한다. 이러한 교차되는 자극의 반복을 통해 결핍과 과도를 조절해가기도 하고 더 강하게 억압하기도 하고 큰사물을 현상 위로 드러내기도 한다. 라캉의 정신분석은 큰사물을 다루는 과정이라고 해도 과언이 아니다. 큰사물에 따른 과도와 결핍, 억압의 자리, 현상된 것과 현상의 이면, 큰사물을 현상화하는 과정, 교차되는 자극의 반복들에 접근하고 분석하는 과정이 라캉의 정신분석 과정이다.

2장\
\칸트의 정언명령과 라캉의 죽음충동

현상은 개인의 경험이라는 조건적 성격을 갖지만, 물자체는 조건적 성격을 갖지 않는다. 물자체는 어떤 조건에도 물자체다. 현상은 상황에 따라 변하지만, 물자체는 상황에 의해 변하지 않는다. 코끼리의 앞을 볼 때와 뒤를 볼 때의 모습(현상)은 달라지지만, 코끼리 자체(물자체)는 달라지지 않는 것과 같다. 그렇다면 현상으로 나타나는 경험이 아니고서는 물자체를 인지할 수 있는 방법이 아예 없는 것일까? 칸트는 선험적 인식을 통해 완전하지는 않더라도 물자체에 다가갈 수 있다고 보았다. 경험하지 않아도 선험적 인식을 통해 직관적으로 통찰할 수 있다는 의미다. 이를테면 경험하지 않아도 사람을 죽이면 안 된다거나 타자의 소중한 물건을 훔치면 안 된다는 것을 선험적으로 알 수 있다. 그런 의미에서 선험적 인식으로 알 수 있는 물자체로서의 최고선이 존재한다.

선을 실천하는 도덕 법칙은 물자체의 속성을 가지고 있기 때문에 조건적이지 않다. 칸트는 이렇게 무조적건인 도덕 법칙을 정언명령이라고 불렀다. 정언명령에 대립되는 도덕 법칙은 가언명령이다. 가언명령은 조건이 있어야 수행하는 명령이다. 즉 다른 것을 취하기 위한 수단으로 활용되는 도덕 법칙이다. 이를테면 '착하게 살면 복 받는다' 혹은 '청소하면 선물을 줄게'와 같은 법칙이다. 만약에 가언명령으로서 도덕 법칙을 실천해간다면 저마다 조건이 다르기 때문에 도덕 법칙도 저마다 다를 것이고 질서는 무너질 것이다. 도덕 법칙은 정언명령이 되어야 보편적 선으로 정의될 수 있을 것이다. 정언명령으로서의 도덕 법칙은 행복을 전제로 하지 않는다. 도덕 법칙은 지킴으로써 불행해진다 해도 지켜야 하는 의무며 본래적이다. 칸트는 조건적인 것과 의무적인 것을 구분하였다. 조건적인 도덕은 지켜지지 않지만, 의무적인 도덕은 지켜진다고 보았다. 의무적인 도덕은 정언명령에 해당하는 도덕으로 의무를 다하지 않을 때 처벌을 가하는 방식을 취한다. 한 남자가 방 안에 있는 어떤 아름다운 여자에게 성적 행동을 취하면 교수대로 끌려가게 된다고 가정할 때, 교수대로 갈 각오를 하고 그 여자에게 성적 행동을 취할 사람은 없다는 게 칸트의 생각이었다. 그래서 조건적인 도덕 법칙보다 의무적인 도덕 법칙이 더 본래적이라고 보았다.

라캉은 칸트의 물자체 개념에 대해서는 긍정적으로 보면서도 정언명령에 대해서는 부정적인 의견을 제시했다. 라캉은 남자가 여자에게 성적 행동을 취할 때 교수대로 끌려가는 법이 있다 할지라도 교수대로 갈 각오를 하고 여자에게 성적 행동을 취할 사람이 있다고 보았다. 라캉은 오히려 도덕 법칙이 강력하게 작용할수록 강력하게 저항할 사람들이 나타날 것이라고 이해했다. 정언명령으로서의 무조건적 도덕 실천은 도덕이 억압과 고통의 축으로 이해되어 오히려 회피할 대상으로 여기는 사람들이 있다는 의미다. 칸트의 예화가 적용되는 사람도 있겠지만, 모든 사람의 심리에 적용될 수는 없다. 인간의 심리적 원리에 있어서 억압은 회귀하며, 억압이 강할수록 반작용이 커진다. 그 반작용이 도덕 법칙을 더욱 집착적으로 지키려는 행위로 나타날 수도 있고 도덕 법칙에 저항하는 행위로 나타날 수도 있으며 도덕 법칙이 금지한 것을 은밀하게 지속적으로 탐닉하는 행위로 나타날 수도 있다. 라캉이 이렇게 말하는 이유는 법을 만들지 말자고 주장하는 것이 아니라 인간의 심리가 그러하다고, 칸트가 간과한 심리적 원리를 설명하는 것이다. 칸트가 인간이 심리적 원리를 간과한 이유는 물자체가 유동하지 않는 사물이라고 이해했기 때문이다. 라캉의 큰사물은 심리적 물자체기 때문에 유동적일뿐 아니라 운동적이다. 사물에는 극단이 없으나 심리에는 극단이 있다. 심리적 작용에서는 동의되지 않는 의무가 반작용을 낳지만, 사물은 동의의 대상이 아니다. 도덕 법칙을 사물로 볼 것이냐 인간의 정신에 작용하는 심리로 볼 것이냐의 차이가 칸트와 라캉의 차이를 만들었다. 라캉은 도덕 법칙을 절대 사물이 아니라 심리적 작용을 하는 대상으로 보았다. 그렇기 때문에 극단은 반극단을 낳는다는 해석으로 칸트의 윤리학의 모순을 지적하였다. 의무와 법으로 제시하는 도덕 법칙은 큰사물을 은폐하거나 억압함으로 도덕 법칙을 뚫고 나올 기회를 엿보게 만든다. 이것이 칸트의 물자체와 라캉의 큰사물이 충돌하는 지점이다.

　라캉은 칸트의 정언명령의 반대 지점에 있는 철학으로 사드의 '규방 철학'을 큰사물 개념에 끌고 들어온다. 사드는 사디즘이라는 성도착적 용어의 시작이 된 사람으로 여러 성도착적 행위로 명성을 얻어 감옥에 수감되었던 인물이다. 칸트는 도덕을 의무화한 방향성의 극단에 있고 사드는 의무적 도덕으로부터 극단적 반대 지점에 있다. 사드는 법과 도덕의 억압 아래서 사람들의 자유와 쾌락과 욕망이 위협 당하고 있다고 보았다. 과연 법과 도덕이 쾌락과 욕망을 억압하는 구조가 최고선인지를 의심하며 무엇이 최고선인지를 확인하기 위해서 먼저 현재의 법과 도덕을 해체하고 최고선을 새롭게 구축해야 된다는 논리를 펼쳤다. 이런 논리의 결과로 그는 성적인 쾌락에 관한 책들을 집필했다. "그의 저술을 통해 자기의 살을 내주고 타자의 살을 공유하는 사랑의 공동체"로서의 인류를 제안했다.

　라캉은 반대 지점에 있는 이 두 철학을 대비하면서 공통점을 찾아냈다. 정반대 지점에 있는 이 두 철학은 예외나 균열 혹은 결핍을 간과한다는 것이다. 신체를 탐닉하는 쾌락의 극단, 신체를 차단하는 법과 도덕의 극단. 이 두 극단에 예외나 결핍에 대한 고민이 없기 때문에 어떤 쪽으로 가든지 큰사물이 작동할 수밖에 없다. 라캉은 서로 반대 방향의 완전을 추구하는 두 철학에 결여가 생길 것이고 큰사물이 그 결여를 뚫고 나올 것이라고 보았다. 그래서 결과적으로 칸트의 정언명령에 기반한 세상도 결핍이 발생할 것이고 사드의 규방 철학에 기반한 세상도 결핍이 발생할 것이다. 칸트의 철학과 사드의 철학이 둘 다 완전을 추구하고 억압하는 주체가 된다는 관점이 의아할 수 있지만, 라캉은 칸트와 사드의 철학이 둘 다 억압이 된다고 보았다. 인간에게는 도덕과 쾌락의 실체가 모두 존재하며 어느 한쪽도 금지가 된다면 균열이 생기고 결여의 자리로 큰사물이 비집고 나와 질서가 무너질 것이다.

라캉은 이를 두고 '법과 죽음의 상호성'이라고 표현하며 현실 원칙과 죽음충동의 상호성을 설명하였다. 현실 원칙은 법의 원리다. 인간은 쾌와 불쾌 사이에서 쾌를 선택하며 살아간다. 그러나 늘 쾌가 유지될 수는 없다. 작은 쾌를 선택하려다가 더 큰 불쾌가 다가오는 것을 경험하게 되면서 더 큰 불쾌를 피하기 위해 작은 쾌를 포기하기도 하고 더 큰 쾌를 누리기 위해 당장의 작은 불쾌를 참기도 한다. 이렇듯 현실을 유지하기 위해 쾌와 불쾌 사이에서 있게 되는 원칙이 현실 원칙이다. 죽음충동은 현실 원칙의 일상을 파괴하고 싶어하는 욕구다. 자기가 유지하던 현실 원칙의 반복으로는 직면한 문제를 해결하지 못하거나 반복되는 현실 원칙 자체가 자기에게 문제가 될 경우, 죽음충동이 작동한다. 죽음충동에서의 죽음은 생물학적인 죽음을 의미하는 것이 아니라 현실 원칙을 중심으로 반복되는 문화적 질서에서의 죽음을 의미한다. 프로이드는 생물학적 의미에서 죽음충동을 설명하려 들었지만, 라캉은 죽음충동을 설명하는 데 생물학적 근거를 포기하고 인문학적 원리와 문화적 차원에서 설명하였다. 라캉에게 죽음충동은 현실을 유지하게 만드는 상징적 질서들에 대하여 저항을 하며 관습과 상식의 영역 밖으로 탈출하기를 원하는 모든 충동을 이르는 말이다. 죽음충동이 없다면 강화된 질서에서 큰사물은 사라지기 때문에 죽음충동은 필연적으로 나타난다. 다시 말해 죽음충동은 큰사물이 출현하는 방식이다. 현실 원칙과 죽음충동은 어느 한쪽만 존재할 수 없으며 상호적으로 존재한다. 어느 한쪽만 존재하는 것이 오히려 파괴를 불러온다.

라캉은 칸트의 정언명령과 사드의 규방 철학이 모두 극단이라는 문제를 안고 있다고 지적하지만, 삶의 중심에 있는 것은 정언명령보다는 오히려 규방 철학이라고 말한다. 즉 현실 원칙보다 죽음충동이 삶을 움직이는 동력이 된다. 법과 죽음은 상호성을 갖고 서로를 보완하며 존재하지만, 이 상호성을 끌고 가는 것은 법이 아니라 죽음이다. 정언명령은 누구에게나 작용하는 것은 아니지만, 규방 철학은 누구에게나 작용한다. 무조건적 선을 향유하며 사는 사람이 매우 존경 받는 이유는 그만큼 드물기 때문이며 금지된 쾌락을 은밀히 행하고 사는 사람은 주변에서 얼마든지 찾아볼 수 있다. 이는 금지된 쾌락을 중심으로 형성된 대규모 상업 단지가 사라지지 않는 현실을 통해서도 확인할 수 있다. 인간 사회의 핵심에는 질서보다 파괴가 있으며 인간 심리의 핵심에는 현실 원칙보다 죽음충동이 있다. 사드의 도착적 구조는 정도와 대상의 차이일 뿐 누구에게나 나타나는 구조며 그 도착적 구조의 중심에 죽음충동이 자리 잡고 있다.

억압된 큰사물은 어떻게든 현상으로 나타나려고 시도한다. 법과 일상을 강화하는 방식으로 나타나기도 하고 특정한 정동을 중심으로 나타나기도 하며 일상을 벗어난 특정 사물에 몰입되기도 한다. 법과 일상을 강화하는 방식으로 나타나는 현상이 강박증이고, 특정한 정동을 강화하는 방식으로 나타나는 것이 기분장애가 된다. 그리고 일상을 벗어난 사물에 몰입되어 나타날 때가 있는데 몰입되는 사물이 불법적일 때 도착이 되고 합법적일 때 승화가 된다. 승화를 비롯한 신경증의 구조는 합법적 영역 안에 있다는 차이만 뺀다면 큰사물의 현상화라는 의미에서 도착과 같은 구조를 갖고 있다. 이러한 도착적 구조를 갖게 만드는 세계의 입구에 죽음충동이 있다. 프로이드는 죽음충동을 성적인 영역에 국한해서 이야기했다. 결과적으로 도착이 성충동과 관련 있다는 것을 생각해보면 아주 틀린 것은 아니다. 그러나 라캉은 죽음충동을 성적인 영역에 한정하지 않고 모든 문화와 사회적 질서에서 나타난다고 보았다.

죽음충동은 문화적 질서에 저항하며 나타나지만, 죽음충동 자체가 또 하나의 질서를 형성한다. 죽음충동이 나타나면 현실 원칙이 죽음충동을 억압한다. 그러나 죽음충동은 사라지지 않고 반복적으로 나타나며 새로운 질서로 자리 잡는다. 현실 원칙이 일상적이라면 죽음충동은 박동적이다. 라캉의 정신분석의 목적은 큰사물을 다루는 것이며 큰사물을 다루기 위해서는 죽음충동을 다룰 수밖에 없다. 죽음충동은 박동적으로 현상에 나타나는 큰사물이기 때문이다.

라캉은 큰사물과 죽음충동의 관계를 설명하기 위해 안티고네의 서사를 사용한다. 안티고네는 테베의 왕 오이디푸스의 딸이고 폴리네이케스와 에테오클레스는 안티고네의 오빠다. 오이디푸스가 왕위를 버리고 사라지자 폴리네이케스와 에테오클레스는 왕좌를 차지하기 위해 싸움을 벌인다. 삼촌이었던 클레온이 에테오클레스의 편에 서고 입장이 약화된 폴리네이케스는 이웃나라 아르고스로 망명하였다가 군대를 이끌고 자신의 고국인 테베를 공격한다. 결국 폴리네이케스와 에테오클레스는 모두 죽고 크레온이 테베를 통치한다. 테베를 통치하게 된 크레온은 폴리네이케스를 반역자로 정하고 성 밖에 시체를 두고 장례를 치르지 않는다. 비록 반역했다 해도 자신의 오빠였던 폴리네이케스의 시체를 장례도 치르지 않은 채 그대로 둘 수 없었던 안티고네는 크레온의 명령과 국법이 있는데도 오빠의 장례를 치른다. 결국 크레온은 사랑하는 조카인 안티고네에게 법을 집행하여 지하 감옥에 가두고 안티고네는 이에 저항하며 목을 매고 죽는다. 크레온에게 폴리네이케스에 대한 안티고네의 가족애 혹은 사랑은 법의 허가, 즉 현상 안에 없는 큰사물이다. 안티고네가 폴리네이케스의 장례를 치러주는 행위는 현상의 이면에 붙어 있는 도착적 행위다. 안티고네는 법적으로 존재하지 않는 이 행위에 도착되어 그 큰사물을 실천하기 위해 자신을 지탱하는 모든 현상을 파괴할 결정을 한다. 안티고네가 폴리네이케스의 장례를 잊으려고 해도 큰사물로서의 폴리네이케스에 대한 안티고네의 사랑은 박동적으로 나타난다. 안티고네로 하여금 폴리네이케스를 충분히 애도하도록 허락하지 않으면 안티고네는 죽음을 맞이한 것이나 다름없다. 테베의 그 누구도 안티고네의 박동적 슬픔을 이해할 수 없다. 이 큰사물은 오직 안티고네에게만 존재한다. 크레온이 칸트의 정언명령을 극단적으로 수행하려는 자였다면, 안티고네는 죽음충동에 자신의 현실과 국가의 법을 모두 내어놓은 큰사물의 혁명가였다. 만약에 크레온이 안티고네의 큰사물을 미비하게라도 수용하고 길을 열었다면 안티고네는 죽음을 맞이하지 않았을 수도 있다.

여기서 라캉은 재미있는 질문을 던진다. 안티고네가 죽음을 불사하고 큰사물인 오빠에 대한 사랑을 위해 장례를 진행한 것은 쾌였을까? 불쾌였을까? 결국 죽음으로 몰려갔지만 그것은 안티고네에게 쾌의 요소가 있었다는 것을 부정할 수 없다. 그렇다고 불쾌가 없는 온전한 쾌라고 단정할 수도 없다. 라캉은 이렇게 법과 죽음, 현실 원칙과 죽음 충동, 쾌와 불쾌, 과도와 결핍 사이에서 존재하여 현상과 현상의 이면 모두를 보여주는 증상을 '주이상스Jouissance'라고 했다. 주이상스는 큰사물이면서 현상에 달라붙어서 현상을 흔드는 기쁨이자 고통이며 증상이자 주체다. 주이상스는 낯설거나 심지어 금기된 것일 수도 있다. 그래서 고통을 가져다주는 증상이면서도 주체의 공백을 메우는 쾌락이 되기도 한다. 주이상스는 배고픔이라는 고통이 채워지면서 발생하는 즐거움이라는 의미에서 생물학적인 쾌락의 의미로 사용되기도 하지만, 성관계의 부재의 자리를 직접적으로 대체한다는 의미에서 성적인 의미 혹은 사랑의 의미를 갖는 쾌락으로 연결할 때가 많았다. 특히 금지된 쾌락의 긴밀한 향유를 의미했다. 이 용어 사용은 애매한 지점이 많다. 라캉은 반드시 금지이거나 성적이지 않은 상황에서도 이 용어를 사용하였다. 현대까지도 라캉을 해석하는 학자들은 주이상스의 정체를 해석하는 데 논란의 여지가 많다. 성적이라 할지라도 일반적으로 이해되는 쾌락은 주이상스로 표현하지 않는다. 분명한 것은 현상적으로는 성적이지 않거나 금기되지 않은 것이라 할지라도 만약의 경우 발생할 금기인데도 현실 원칙을 넘어서 향유하는 쾌락이라는 것이다. 그러므로 그것이 주이상스인지 일반적인 쾌락인지를 확인할 수 있는 것은 '금기인데도 향유하는가' 하는 것인데, 주이상스는 일반적으로 위반하기 쉬운 장소에서 발생한다. 주이상스를 프로이드의 리비도와 비교하기도 한다. 프로이드의 리비도가 성적인 것에 한정되어 있고 남성적 향락을 중심으로 설명한다면, 주이상스는 성적인 것에 한정되어 있지 않고 여성적 향락을 중심으로 설명한다. 주이상스는 사전적으로는 '정도를 넘는 쾌락'이라고 정의하지만, 라캉은 '금기된 쾌락' 혹은 '고통이 동반된 쾌락'의 의미로 자주 이 주이상스를 사용한다. 금기가 되었을 수도 있고 존재한 적이 없기 때문에 금기되지 않았을 수도 있다. 엄마의 젖을 먹는 것은 어린 시절에는 금기가 아니지만, 40대 어른이 되어서는 낯선 풍경이고 어른답지 못한 행동이다. 그러나 40대의 어른이 되어도 엄마의 품이 그립고 쾌락이 된다. 죽음충동은 현실 원칙과의 경계선에서 주이상스를 야기한다.

레비스트로스는 언어기호학자 소쉬르와 야콥슨의 영향을 받아서 문화는 언어처럼 구조화되어 있다고 보았다. 언어는 그 자체로 서로 상관하며 구조화된다. 언어가 구조화되지 않으면 소통은 불가능하다. 언어는 소리의 차이성, 즉 소리의 대립에 기반하여 분류되고 조합되는 방식으로 구조화된다. 같은 소리로만 묶이면 언어는 형성되지 않는다. 소리의 차이에 기반해야 언어가 만들어진다. 처음에는 소리의 대립으로 분류되지만, 그것은 상징화되어 단어로 구분되고, 단어는 문장으로, 문장은 가치 체계와 사상으로 구조화된다. 문화도 언어와 마찬가지로 대립에 기반하여 분류하고 조합하는 방식으로 구조화된다. 처음에는 별것 아닌 것처럼 보이는 대립이지만, 그 작은 대립을 중심으로 언어가 형성된다.

레비스트로스는 문화도 언어의 구성 원리와 같다고 생각했다. 그리고 문화가 발생하는 보편적 원리를 알기 위해 야만을 연구했다. 레비스트로스가 연구한 야만은 원리적으로 문명과 크게 다르지 않았다. 레비스트로스는 문명의 연구 방법이 우등하고 야만(이라고 불리는 곳)의 연구 방법이 열등하다는 생각에 반대했다. 야만에서도 반복과 학습을 통해 자신들만의 원리를 갖고 살아가고 있었다. 레비스트로스가 발견한 인류 공통의 원리는 금기를 통해 문화가 구성된다는 것이었다. 금기를 통해 문화가 구성되는 원리는 언어의 구성 원리와 같이 대립에서 시작된다. 모든 인류에는 되는 것과 안 되는 것이 존재한다. 먹을 수 있는 것과 먹을 수 없는 것, 놀 수 있는 곳과 놀 수 없는 곳, 사냥할 수 있는 것과 사냥할 수 없는 것, 사랑할 수 있는 대상과 사랑할 수 없는 대상. 이와 같은 금기는 모든 인류에 존재한다. 그리고 이 금기를 통한 구분으로 문화가 형성된다. 먹을 수 있는 것과 먹을 수 없는 것이 구분되면 먹을 수 있는 것을 요리하는 문화가 형성되며 먹을 수 없는 것을 사냥하는 것은 금지된다. 놀 수 있는 곳을 중심으로 문화가 형성되고 놀 수 없는 곳으로 가는 것은 금지하는 법이 생긴다. 사랑할 수 있는 것을 중심으로 문화가 형성되며 사랑할 수 없는 것은 법으로 금지된다. 아주 간단한 원리 같지만, 이 원리가 만든 문화 구조는 매우 복잡해진다.

레비스트로스는 이러한 금기를 통한 구조에서 가장 근본적인 것이 근친상간의 금지라고 보았다. 근친상간이 금지되면서 다른 가족과의 결혼이라는 구조가 만들어진다. 그리고 친척이라는 구조가 만들어진다. 이렇게 형성된 친척의 구조를 통해 결혼은 사랑의 경계를 넘어 가족과 가족의 연합 혹은 힘의 구성의 용도로 활용된다. 근친의 금지라는 단순한 구조인데 이로써 인류 전체에 복잡한 문화가 형성되었다. 다혼의 금지도 이러한 방식으로 법과 문화를 구조화하며, 최근 들어서 확산된 개 식용의 금지 문화도 금지 운동 이전에 없었던 새로운 문화를 창출하고 있다. 이렇듯 문화는 금지를 통해 구조화되고 발전한다. 금기된 것들에 대해서는 문화가 발전할 수 없다. 만약에 근친상간이 금기가 아니었다면 지금 사회의 가족 구조는 완전히 달랐을 것이다. 근친상간이 발전하고 근친상간을 중심으로 한, 지금은 상상도 할 수 없는 복잡한 구조와 법이 생겨났을 것이다. 이슬람 국가들은 일부다처가 허용되기 때문에 일부일처만 허용되는 국가들의 문화와 동일할 수가 없다. 일부다처를 허용함으로써 발생하는 부자들의 여자 독점과 재산 분배, 과부의 젊은 남자와의 재혼과 같은 문화적 장치들은 일부일처만 허용하는 국가들에서는 찾아볼 수 없다.

레비스트로스는 이러한 문화 발전은 단지 금지되지 않았기 때문이라고 보지 않았다. 금지되지 않은 것이 발전하여 문화가 될 수 있었던 것은 금지된 것이 있었기 때문이었다. 금지된 것으로 향하지 않기 위해 인류는 금지되지 않은 것을 발전해 나갔다. 만약에 금지된 것이 없었다면 금지되지 않은 것은 지금의 인류만큼 발전할 수 없었을 것이다.

라캉은 무의식도 언어처럼 구조화된다고 보았다. 별것 아닌 것처럼 보이는 작은 금기를 중심으로 의식뿐 아니라 무의식도 구조화된다. 레비스트로스가 되는 것과 안 되는 것을 중심으로 문화의 구조를 이해했듯이 라캉도 되는 것과 안 되는 것을 중심으로 무의식의 구조를 이해했다. 라캉의 무의식에 대한 이해는 프로이드의 이해와 동일하지 않다. 무의식을 중심으로 정신을 분석하던 프로이드의 방법이 사라져가던 1950년대의 학계에서 다시금 무의식의 중요성을 강조하며 '프로이드로 돌아가자'고 외쳤지만, 라캉이 프로이드의 모든 것을 수용하거나 그대로 차용한 것은 아니다. 프로이드의 무의식이 억압되어 의식화되지 못한 것이었다면, 라캉의 무의식은 의식을 만들어내는 숨겨진 구조였다. 프로이드의 정신분석의 목적이 억압된 경험을 의식화하는 것이었다면, 라캉의 정신분석의 목적은 무의식의 구조를 분석하여 재구조화하는 것이었다. 그 무의식의 중심에 금기가 자리하고 있다. 그래서 라캉의 정신분석에서 반드시 거치는 과정이 금기에 대한 분석이다.

라캉은 금지되지 않은 것이 문화로 구조화되는 것보다 금지된 것에 어떤 일이 벌어지는가에 더 큰 관심이 있었다. 금지되지 않은 것을 중심으로 문화가 구조화된다면 금지된 것은 소멸하는 것일까? 그렇지 않다. 금지된 것은 다른 형태로 발전하여 더욱 강화된 문화가 된다. 근친상간을 금지했지만, 가족에 대한 사랑은 성적이지 않은 형태로 더욱 견고해진다. 개 식용이 금지되자 개에 대한 다른 형태의 사랑이 넘쳐나는 문화가 만들어졌다.

라캉은 이렇게 금지된 것들이 금지되지 않은 형태로 더욱 강화되는 것을 야콥슨의 용어를 따라 은유와 환유라고 불렀다. 야콥슨에 의하면 은유는 부재의 자리에 유사한 것을 선택하여 대체하는 것이고, 환유는 부족한 것에 대하여 인접한 것을 결합하는 것이다. 은유는 선택하여 대체하기 때문에 변화가 어렵지만, 환유는 인접한 것을 결합하기 때문에 연속적으로 발생할 수 있다. 금지된 것은 부재하고 그 부재의 자리를 무엇인가가 대체한다. 그리고 부족한 것은 부족을 채우기 위해 인접한 것을 결합하는데 이 결합은 완전한 만족을 주지 않기 때문에 연쇄된다. 금지되어서 부재한 것을 금지되지 않은 것으로 대체하여 동력을 얻고 부족한 것을 남는 것으로 대체하여 연쇄하는 심리적 구조는 레비스트로스의 문화적 구조와 매우 유사하다.

　은유와 환유의 원리는 '억압된 것은 반드시 회귀한다'는 프로이트의 명제나 승화적 개념과도 유사하다. 은유는 하나의 사물을 다른 사물로 대체하는 언어적 방법이다. 근친상간을 대체하여 가족애가 생겼다. 개 식용을 대체하여 반려견 문화가 만들어졌다. 주로 금지된 것을 대체하기 위해 다른 것을 필요로 하게 된다. 라캉은 문화뿐 아니라 무의식에도 은유가 나타난다고 보았다. 모든 욕구의 만족을 엄마로부터 채우던 아기는 어느 순간부터 엄마에게 요구하는 것을 금지 당한다. 더는 젖을 빨 수 없고 변을 치워달라고 요청할 수 없는 날이 온다. 그리고 엄마로부터 채우던 욕구를 아버지 혹은 사회로부터의 인정으로 대체한다. 라캉은 이것을 부성 은유라고 불렀다. 이러한 은유는 엄마를 통한 욕구 해결의 금지뿐 아니라 생애 초기에 발생하는 수많은 금지에 나타난다. 은유는 부재한 것을 대체하는 큰 변화이기 때문에 자주 발생하기 어렵다. 아기에게 베푼 엄마의 헌신을 대체할 수 있는 것이 흔하지 않은 것처럼 생애 초기에 상실한 것들을 대체할 수 있는 것은 많지 않다. 생애 초기에 은유 작업이 원활하게 일어나지 못하면 애착이나 정동에 문제가 발생할 가능성이 높다. 설사 은유 작업이 잘 일어난다 할지라도 생애 초기에 엄마가 준 만족을 대체한 대체물은 부족할 수밖에 없다. 이를테면 엄마의 사랑과 아버지의 인정 사이에는 결핍 혹은 이격이 발생한다. 이러한 결핍이나 이격은 은유 기능을 비집고 나와서 증상적 반응을 만든다. 이렇게 은유를 비집고 나온 증상을 연쇄하는 연쇄물이 환유다. 은유는 대체물이고, 환유는 연쇄물이라는 데 주목할 필요가 있다. 은유는 대체물이기 때문에 그 자리를 다른 것이 대체하려면 원래의 대상이 부재해야 한다. 그러나 환유는 연쇄물이기 때문에 원래의 대상은 그대로 있고 다른 대상과 연결되고 결합되는 형태를 취한다. 이를테면 아버지의 인정이 어머니 사랑의 은유라면, 아버지 인정의 불만족 때문에 게임으로 만족을 얻으려고 하거나 가출하는 등의 행위는 환유가 된다. 환유는 만족되지 않는 특성을 지닌다. 순간적으로 만족하는 것 같아도 이내 공허해진다.

대체로 욕망은 환유적 속성을 갖는다. 욕망은 성취하고 나면 곧 공허해지거나 지루해지며 다음 욕망을 찾아가기 때문이다.

4장\
\하이데거의 현존재와 라캉의 주체

　하이데거는 '존재란 무엇인가?'라는 다소 무거워 보이는 질문을 던지며 그의 논문 「존재와 시간」을 시작한다. 그러나 사실 존재에 대한 물음은 무겁지 않다. 하이데거가 사용한 '존재'라는 단어는 한자어로 번역하다 보니 어려운 단어가 되었지만 영어의 be동사, 한국어의 '있다' 혹은 '이다'에 해당하는 아주 간단한 단어다. 명사로 바꾸자면 '있음' 정도겠다. 오히려 '있다는 것은 무엇인가?'라고 말하는 것이 하이데거의 의도에 더 맞는 번역이다. 이 간단한 단어를 하이데거가 무겁게 만든다. 하이데거는 이 "있음"이라는 단어를 존재자, 존재, 현존재로 구분한다.

　존재자는 타자 혹은 세상에 의해 이미 드러나서 규정되거나 구분된다. 식물과 동물, 남자와 여자, 노인과 아이처럼 모든 사람에게 '그렇다'라고 이미 드러나 있다. 하이데거는 존재자의 특징을 전재적^{前在的}이라고 하였다. 이미 존재한다는 의미다. 한 아기가 아직 태어나지 않았는데 그 아기에 대한 어떤 부분들은 이미 규정되어 존재한다. 그 아기가 태어난 환경이 '한국인'이자 '남성'이며 '중산층'이라고 가정해보자. 이러한 전재적 구분들은 독자적이지 않고 소속이 있다. 전재적 구분들에 이미 부여된 속성이 있다. 그 소속의 모든 사람에게 공통적으로 학습되어있는 속성이기 때문에 이해가 쉽다. 그런데 이러한 전재적 구분들이 과연 그 아기의 모든 것을 표현할 수 있을까? 전재적 개념으로 설명 불가능한 그 아기의 '무엇'이 있지 않을까? 아직 세상에 없는 단어의 '무엇'이 그 아기에게 있지 않을까? 혹은 전재적 구분의 속성과 완전히 다른 '무엇'이 있을 수도 있지 않을까? 남성으로 '구분'되었으나 여성일 수도 있고, 혹은 남성도 여성도 아닌 어떤 성일 수도 있다. 노인으로 이미 드러났으나 노인의 속성만을 갖지 않고 어린이의 사유를 할 수 있지 않을까? 이렇게 전재적 구분에서 벗어나면 타자들은 그 사람에 대해서 낯선 느낌을 갖는다. 이렇게 낯선 타자들의 시선으로부터 벗어나기 위해 인간은 전재적 구분 안에서 안주하며 존재자로 살아가려고 한다.

존재자의 개념으로 해명할 수 없는 그의 '있음' 전부를 '존재'라고 한다. 존재는 존재자를 포함하지만, 존재자로 규정할 수 없는 모든 것이다. 존재는 그의 '있음'의 모든 것이다. 그냥 '있음'이다. 칸트의 물자체 혹은 라캉의 큰사물에 해당하는 '있음' 자체다. 전재적 구분은 구분할 수 없는 '있음'을 유기하거나 억압하려고 한다. 전재적으로 드러나지 않은 것들은 대체로 금지되거나 드러난 적이 없는 것들이다. 물자체나 큰사물의 낯선 부분들이다. 그 '있음'은 단어가 갖고 있는 대로 분명히 '있다'. 그래서 억압하려고 해도 드러나고 유기하려고 해도 다시 찾아온다. 본래적으로 보자면 존재 없이는 존재자도 없다. 물자체가 없이는 현상이 없으며 큰사물이 없이는 의식이 없는 것과 마찬가지다. 존재는 존재자를 '있게' 만드는 근원이다. 그러면서도 존재자, 더 정확히 말하면 전재적 구분은 '존재'를 망각하려고 한다. 존재자로 있으면 타자들과 공통적 이해가 가능하지만, 전재적이지 않은 존재를 드러내면 타자에게 자신을 특별히 이해시켜야 한다. 전재적 구분이 되지 않는 존재는 소속이 없고 타자로부터 이해 받지 못할 수 있다. 그래서 더욱 망각하려고 하지만 그럴수록 존재는 더욱 드러난다. 그래서 존재자는 회피하지 말고 '나는 누구인가?', '존재는 무엇인가?'라고 존재 물음을 물어야 한다.

이렇게 존재 물음을 묻는 존재자를 현존재라고 한다. 하이데거의 현존재는 인간에 한정되어 있다. 사물은 존재 물음을 묻지 않는다. 나무가 나무라고 규정된 자신에 대하여 '나는 과연 나무일까?'라고 묻지 않는다. 오직 인간만이 존재 물음을 묻는다. 현존재는 전재적 구분과 그 구분의 특성에 대하여 의심을 품는다. '세상에 인간은 남자와 여자만 있다'는 구분에 의심을 품는다. '아이는 무지하고 어른은 현명하다'는 가르침에 의심을 품고, '남자는 돈을 벌고 여자는 살림을 해야 한다'는 말에 의심을 품는다. 의심을 품어서 다시 존재자의 자리를 확인할 수도 있고 새로운 존재자를 등장시킬 수도 있다. 혹은 규정되지 않는 존재로 살아갈 수도 있다. 그래서 현존재는 각자성을 지니고 살아가는 독자적 존재다. 독자적 존재기 때문에 고유한 가능성을 갖는다. 존재자는 현존재와 달리 보편적 가능성 안에서 살아간다. '학생은 공부해서 대학을 가야 성공할 수 있다'는 것은 보편적 가능성이다. 그러나 공부를 잘하는 모든 학생이 대학을 갈까? 좋은 대학을 간 모든 학생이 성공할까? 공부하지 않은 학생은 성공할 수 없을까? 현존재는 보편적 가능성을 넘어 공부하지 않고도 성공하는 고유한 가능성을 실현한다. 현존재라고 해서 존재자가 아닌 것은 아니다. 인간은 세계-내-존재로 살아가기 때문에 존재자면서 현존재고 또한 존재다. 현존재로서 존재를 찾으며 존재자의 자리를 확인한다.

라캉의 주체 개념은 하이데거의 현존재 개념에 영향을 받아서 발전했다. 하이데거를 초대해 존재에 대하여 대화를 나누고 자신이 운전하는 차에 하이데거를 태워 드라이브를 즐겼다는 일화는 정신분석가 사이에서 유명하다. 라캉이 다양한 인문학자의 말을 인용하지만, 그중에서도 하이데거의 영향이 가장 크다는 것은 부정하기 어렵다.

라캉은 대부분의 정신분석학파들이 '존재'라는 용어가 의학적이 아니라 철학적이라는 이유로 사용하기를 피한다고 비판하며 정신을 다루는 문제에 있어서 '존재'에 관심을 갖는 것이 꼭 필요하다고 주장했다. 라캉은 존재에 대해 정리하기 시작하며 데카르트의 "나는 생각한다. 고로 존재한다."는 명제를 비판했다. 라캉에게 존재는 생각을 통해서만 확인되는 것이 아니다. '나'는 생각의 이면에도 존재하며, 심지어 생각하지만 그 생각이 타자의 생각을 반복하는 경우, 그것은 존재하는 것이 아니라고 보기도 했다. 그래서 라캉은 "나는 내가 생각하지 않는 곳에서 존재하며, 존재하지 않는 곳에서 생각한다."고 했다. 라캉은 존재가 의식의 차원에서보다 무의식의 차원에서 혹은 큰사물의 차원에서 오히려 강렬하게 나타난다고 보았다.

라캉의 존재를 이해하기 위해서는 먼저 라캉의 내적 '계^{order}'를 이해할 필요가 있다. 라캉은 인간의 내적 '계'를 '상상계-상징계-실재계'로 구분하였다. 이 구분은 스피노자의 인식론에서 영향을 받았지만, 인식론을 위해 사용되지 않고 존재론을 위해 사용했다. 스피노자는 인간의 인식의 단계를 '상상-공동개념-직관'으로 구분하였다. 인간은 자기에게 있는 정보를 바탕으로 타자를 상상하여 외부 정보를 구성한다. 상상에 기반한 인식은 증표가 없지만, 창의적이다. 증표가 없는 상상적 인식은 타자들로부터 거절당하고 공동개념을 구성하는 필요성에 봉착한다. 공동개념은 상상의 단계에서 가졌던 개념을 공유할 수는 없지만, 소통과 과학적 사고를 가능하게 한다. 상상과 공동개념을 토대로 인식의 최고 단계인 직관을 사용한다. 직관은 자명해진 전제에 의해 상상과 공동개념을 모두 이해시키는 포괄적

인식 능력으로 적확한 관념을 체계화할 수 있고 논리적 연관성을 갖게 만든다. 라캉은 스피노자의 상상을 상상계로, 공동개념을 상징계로, 직관을 실재계로 발전시켰다. 그러나 상상과 공동개념은 상상계와 상징계로 발전하면서 스피노자의 철학을 대체로 받아들였지만, 직관을 실재계로 발전시키는 과정에서 스피노자의 철학보다 칸트의 물자체와 하이데거의 존재 개념을 더 많이 받아들였다.

상상계는 인간이 갖는 최초의 자아상이라고 볼 수 있다. 상상이라는 말은 착각 혹은 현혹의 의미를 담고 있다. 상상계는 아기가 거울에 비친 것을 실재라고 생각하며 떠올리는 온갖 영상과 같다. 착각과 현혹이라는 단어를 사용한다고 해서 불합리한 것은 아니다. 오히려 실재계보다 더 합리적이다. 상상계의 착각은 전체성과 통합성을 갖고 구조화한다. 실재는 논리적이지 않을 수 있지만, 상상은 자기 안에서는 논리적이다. 상상계는 아기의 시절에 구성되지만, 어른이 되어서도 지속하며 상상계적 사유와 정동은 평생 인간을 즐겁게 하기도 하고 괴롭히기도 한다. 인간이 만나는 타자는 늘 상상계적 사유로 먼저 접근한다. 어떤 상징적 단서도 없다면 먼저 자기가 지니고 있었던 자아의 거울상으로 타자를 상상할 수밖에 없다.

타자가 말을 꺼내면 관계는 상상에서 상징으로 진입한다. 타자와의 교류는 존재를 필연적으로 상징계로 안내한다. 존재는 상징으로 드러난다. 존재를 드러낼 수 있는 모든 것, 언어와 소리, 동작, 모두 존재 자체가 아니라 존재의 상징들이다. 라캉은 스피노자의 공동개념을 상징화로 보았다. 상징을 통하지 않고 타자에게 다가갈 수 있는 방법은 없다. 존재를 상징 없이 드러낼 수 있는 방법도 없다. 그래서 라캉은 언어의 상징성에 관심을 가졌다. 상징이 없다면 존재는 상상계에만 '있다'. 문제는 자기 존재를 드러내기 위해 사용하는 상징들을 구성한 것이 타자들이라는 데 있다. 라캉은 이렇듯 상징들을 구성한 힘 있는 타자들을 상징적으로 '대타자'라고 불렀다. 인간에게 첫 대타자는 엄마고 규칙을 배우는 나이가 되면서 대타자는 아버지로 전환된다. 나아가서는 아버지의 아버지 역할을 하는 가부장적 가치 체계가 대타자가 된다. 결과적으로 상징계 자체가 대타자가 된다. 존재는 상징을 통해 드러나는데 상징은 대타자에 의해 이미 구성되어 있다. 자기만의 독자적인 상징으로 자기를 드러내면 아무도 이해할 수 없다. 태어나는 순간부터 타자들에 의한 상징이 이미 구성되어 있다. 그래서 상징계는 온전히 타자성의 영역이다. 존재가 온전히 자기 존재 자체로 드러날 방법은 애초에 없었다. 자기 존재는 반드시 타자의 언어로 드러난다. 존재는 타자가 규정한 상징 안에서만 자기를 드러낼 수 있다. 그렇다면 그렇게 타자들의 상징으로 드러난 존재는 온전히 자기일 수 있을까? 라캉은 그럴 수 없다고 보았고 타자들의 상징으로 구성된 상징계는 본래적 자기에게 있어서는 환상과 같다고 여겼다.

존재는 타자의 상징을 통해서만 드러나지만, '진실한 존재 그 자체'는 분명히 '있다'. 라캉은 드러나지 않는 '진실한 존재 그 자체', '존재론적 절대'를 실재계^{現實界}라고 불렀다. 실재는 있지만, 온전히 표현될 수 없다. 큰사물은 실재계의 영역에 있다. 개념적으로는 물자체도 실재계에 가깝다. 물자체와 실재계의 차이는 물자체는 현상을 포함하고 실재계는 상징계와 접촉할 뿐 포함하지 않는다는 데 있다. 상징은 모두 타자의 것이기 때문이다. 상징이 타자들의 것이기 때문에 실재계로 상징이 침입해 들어갈 수 없다. 그 결과 상징화될 수 없는 실재는 애매성으로 남는다. 타자에게 내 실재를 드러내는 것은 불가능할 뿐 아니라 나 자신이 자기 실재를 보는 것도 불가능하다. 인간은 사유조차도 언어의 상징 체계로 하기 때문이다. 인간은 자기에게 나타나는 실재의 강렬한 존재감 때문에 발견할 수 없지만, 분명히 있는 그 실재를 찾는 여정을 멈출 수 없다. 그 실재를 찾는 여정이 바로 정신분석의 과정이다. '실재^{現實}'는 상징계에 속할 수 없지만, 상징계의 외부 표면에 접촉하거나 상징계의 균열을 타고 흘러들어올 수 있다. 상징계에는 '결여'가 있기 때문이다. 대타자는 힘이 있으나 완전할 수 없고 대타자의 결여는 상징계의 결여로 이어진다. 상징계에 결여가 생기면 실재는 어김없이 상징계로 흘러들어온다.

그렇게 흘러들어온 실재는 상징에 잡히지 않기 때문에 정동으로 나타나기도 하고 신체적 통증으로 나타나기도 한다. 이것이 바로 존재의 '증상'이다. 상징계가 실재를 강하게 거부할수록 결여가 크며, 결여가 클수록 존재의 '증상'이 크다. 남자들의 상징이 지배적인 가부장적 사회일수록 여성들의 '증상'이 크게 나타난다. 여자들은 사회적 실재지만, 가부장적 체계에서 여자들은 실재하지 않는다. 그래서 라캉은 가부장적 사회에서 '여자는 존재하지 않는다'는 유명한 말을 남겼다. 여자는 분명히 '실재'하지만, 가부장적 사회에서 남자들이 구성해놓은 상징 체계에 미비하게 있을 뿐이다. 여자들을 표현하는 말들은 남자들을 표현하는 말에 비해 적으며, 심지어 여자들을 표현하는 말이 있다 해도 남자의 입장에서 정의된다. 남성 중심적 상징 체계에서 여자들의 존재는 드러나기 어렵다. 여자들을 드러낼 수 있는 상징이 적기 때문이다. 이른바 소수자들이라고 불리는 사람들은 더할 수밖에 없다. 다문화 가정이라는 말이 생기기 전에 외국인 배우자와 함께 이룬 가정을 표현할 수 있는 상징은 없었다. 지금도 다문화 가정을 포함한 이주민을 표현할 수 있는 상징은 한국의 정주민을 표현하는 상징보다 적다. 그만큼 다문화 가정의 존재는 현상하기 어렵다. 성소수자들이 겪는 '증상'은 단지 혐오와 모욕, 비난에만 있지 않다. 그들을 표현하고, 현상할 수 있는 상징이 없기 때문에 자신을 사회의 증상으로 여긴다. 그만큼 상징이 적은 '존재'들은 상징계에 생긴 결여로 '증상'을 경험할 수밖에 없다. 또한 그러한 결여된 존재가 상징계의 상징 체계를 뚫

고 '기존에 없었던' 새로운 상징으로 드러내려 하면 그 '드
러남'은 타자들에 의해 사회적 '증상'이 된다. 그 결여를 경
험하지 못하는 사람들은 증상을 이해할 수 없다. 정신분석
가는 내담자의 결여와 존재의 상실을 함께 경험하는 자다.

　하이데거에게 존재는 태어나면서 전재적 구분으로 존재
자가 되듯이 라캉에게 모든 존재는 타자와의 만남이 시작
되는 순간부터 타자들이 만들어놓은 상징을 통해서만 자
기를 드러낼 수 있다. 라캉에게 찾아온 모든 내담자는 상
징계로 흘러들어온 실재로써 증상을 경험한 '현존재'들이
다. 그들에게 존재를 드러내고 실재에 직면하게 하는 것이
정신분석의 여정이다. 라캉이 하이데거를 자주 인용하였다
고 해서 하이데거와 라캉의 존재에 관한 개념이 완전히 일
치하지는 않는다. 하이데거의 존재는 라캉의 실재에 가깝
다. 그래서 라캉의 존재와 하이데거의 존재는 다른 의미를
갖는다. 라캉이 존재라고 말할 때는 실재계의 존재만을 의
미하는 것이 아니다. 라캉은 존재와 현존재를 혼용하며 사
용한다. 그 이유는 '존재가 자기를 발견하는 자리는 대타
자와의 관계를 통해 나타나는 대타자의 상징 자리'기 때문
이다. 즉 라캉은 존재가 결국은 존재자 안에서 드러난다고
보았다. 실재계의 존재는 발견될 수 없고 오직 상징계의 존
재만이 발견되기 때문에 존재라고 인식하는 순간 그것은
상징계에 있다. 그러므로 하이데거의 존재는 라캉적 표현
으로 하자면 실재계의 영역이고 라캉의 존재는 실재계와

상징계의 영역 모두에 있다. 그래서 라캉이 '존재'라고 말할 때는 하이데거의 존재자의 의미와 존재의 의미를 넘나든다.

하이데거는 현존재로서 존재 물음을 묻기 위해, 라캉은 정신분석의 여정을 가기 위해 소크라테스의 산파술을 언급한다. 소크라테스는 가르치는 자가 아니라 질문하는 자였다. 소크라테스의 질문을 따라가다 보면 질문 받은 자는 자기 생각에 깊이를 더하거나 새로운 깨달음을 얻는다. 가르치고 배우는 것은 결국 타자의 존재성 혹은 타자의 상징을 그대로 답습하게 만들지만, 질문과 대답을 통해 도달하는 지점에는 자기의 존재, 자기의 실재가 '있다'. 소크라테스의 질문은 답이 정해져 있거나 특정 답을 요구하는 닫힌 질문이 아니라 스스로 생각하고 고민하여 자신의 상징을 구성할 수 있는 열린 질문이다. 그래서 질문하는 자는 답을 주지 않고 질문 받는 자 스스로 답을 만든다. 이러한 과정이 마치 산파가 아기를 직접 낳아주지 않고 산모가 아기 낳는 것을 도울 뿐이라는 데서 착안해 이러한 질문의 방식을 '소크라테스의 산파술'이라고 불렀다. 라캉에게 정신분석은 증상과 치료에 대한 답을 주는 자가 아니라 답을 찾도록 질문하는 자다.

라캉의 존재는 자아와 구분된다. 라캉은 존재는 실재지만, 자아는 상상적인 형성물이라고 보았다. 이는 자아에 대한 프로이트의 정의와 다르다. 프로이트에게 자아는 타

자와 자기의 욕구 사이를 조절하는 행위자지만, 라캉에게
자아는 자기 스스로 내면에 만들어낸 자기상일 뿐이다. 라
캉에게 행위자는 주체지 자아가 아니다. 자아는 주체에 반
대되는 상상물이다. 자아는 말 그대로 자기가 갖고 있는
자기에 대한 생각이다. 그렇기 때문에 자아심리학자들이
말하는 것처럼 '자아를 강화해야 한다'는 말은 라캉에게는
'자신에 대한 생각을 강화해야 한다'는 말과 같다. 자아심
리학자들이 사용하는 자아 강화라는 표현은 라캉에게는
'착각의 강화'에 가까운 표현이며, 자아 강화에 대한 자아
심리학자들의 의도를 라캉의 표현으로 하자면 '주체'에 더
가깝다. 라캉은 "자아는 주체의 중심에서 특권을 부여 받
은 증상"이라고 했다. 자아는 스스로 갖는 거울상, 즉 착각
의 자리기 때문이다. 자아는 자기 상상적이기 때문에 주체
의 성장을 방해한다.

　라캉에게 존재 개념은 주체를 설명하기 위한 조건적 개념
이다. 존재 개념과 자아 개념은 모두 주체 개념을 향한다.
존재 개념은 반드시 주체 개념으로 연결된다. 그래서 라캉
은 내담자를 말할 때 존재나 자아라고 말하지 않고 주체
라고 말한다. 현존재는 타자로부터 규정 지어진 존재자에
서 존재로 확장하는 움직임이기 때문에 과잉된 타자성에서
상호성을 통하여 자기를 찾아가는 라캉의 주체는 현존재
개념과 떨어질 수 없다. 주체는 존재를 드러내는 행위자며
주체가 없이는 존재는 드러나지 않는다. 라캉에게 주체는

타자로부터 독립적이고 타자와 완전히 동등하며 자기 행위적이다. 자기 행위적이라는 것은 타자의 시선이나 억압에 의해서가 아니라 자기 선택적으로 행위한다는 의미다. 존재자가 타자에 의해서 규정된 존재라고 볼 때, 존재자에서 존재로 이행하는 현존재의 속성은 주체화를 통해 드러난다. 자아가 상상계의 영역이라면 주체는 현존재와 더불어 상징계의 영역이다. 타자가 있는 세상에서야 비로소 주체가 드러나기 때문에 타자들의 세계인 상징계에서만이 주체가 확인된다. 라캉에게 주체적이라는 말은 거대한 부담감을 안고 의지적이고 의식적으로 자기가 원하는 대로 하는 것이 아니라 무의식의 영역에서도 자기가 원하는 것을 해내는 것이다. 라캉의 주체는 타대상과 동일시되지 않고 사물이나 다른 사람으로 대체되지도 않으며 무엇보다도 원하는 대로 말하는 존재다.

여기까지의 정의만 보면 제멋대로 사는 사람을 주체적이라고 표현하는 것 같지만, 라캉은 주체의 가장 중요한 속성으로 행위에 대한 책임을 말한다. 그렇기 때문에 기본적으로 주체는 상호성을 갖는다. 주체는 상호성을 갖기 때문에 상징을 통해서 나타난다. 라캉은 주체는 언어의 결과이자 언어는 주체의 조건이라는 말까지 했는데 라캉의 정신분석이 얼마나 언어 상징에 의미 부여를 하는지 알 수 있다. '무의식은 언어처럼 구조화되어 있다'는 라캉의 말이 '무의식은 언어'라고 등식화한 것은 아니다. 그러나 분명한 것은 언어도 무의식도 구조화되어 있다는 것이다. 라캉이 주체에 대해 정의 내릴 때 주체가 무의식의 영역에서의 주체성을 포함한다는 것이나 언어가 주체의 조건이라고 말한 것을 생각해보면 주체, 언어, 무의식은 일정의 상관 관계가 있으며 주체도 구조화되어 있다는 것을 알 수 있다. 여기서 세 개의 구조를 생각해볼 수 있다. 무의식에도 주체가 있고 언어에도 주체가 나타난다. 그리고 무의식과 언어와 주체는 모두 구조적이다. 주체의 구조는 무의식의 구조 속에 있으며 더불어 언어의 구조 속에도 있다. 언어의 구조 속에 있는 주체는 경험적이며 무의식 속에 있는 주체는 공백의 주체이자 불확정의 주체다. 이렇게 라캉에게 주체는 경험적 주체와 무의식적 주체로 나뉜다. 주체는 이렇게 분열되어 무의식의 주체가 경험적 주체로 침입한다. 경험적 주체는 언어적 주체와 동일하며 담화를 구성한다. 무의식의 주체는 담화에 틈을 만들어 침입한다. 무의식의 주체가 담화의 틈으로 침입해올 때 담화의 흐름이 깨지며 담화를 방해하거나 실수를 만들어낸다. 정신분석가는 이때 발생하는 실수들, 즉 거짓말이나 반복, 과장, 농담, 회피 등의 담화의 균열에 관심을 갖는다. 그 실수들이 통제되지 못한 무의식의 주체가 올라오는 자리기 때문이다.

　라캉은 모든 주체는 분열된 것으로 보았다. 자아와 무의식이 분열되며, 언표와 언술이 분열되고, 드러낸 것과 감추어진 것이 분열되며, 독립적 주체와 상호적 주체가 분열된다. 이 대립 구조는 주로 타자의 과잉 때문에 나타나며, 자신의 결여를 발견하게 해준다. 이 대립 구조를 통한 주체의 분열을 경험하지 못하면 타자가 구성한 환상 속에 있는 것이다. 주체가 타자성을 경험하지 못하고 처음부터 주체적 단독자로 서는 것은 불가능하기 때문이다. 오히려 이 분열을 통해 주체의 결여를 발견함으로 타자들이 자기 안에 구성해놓은 상징적 환상에 직면해야 그 환상을 횡단하여 주체성을 확보할 수 있다. 그래서 라캉의 정신분석은 결여를 발견하고 그 결여를 해결하기 위해 정신분석가를 찾아온 내담자들이 이미 환상을 횡단하여 주체성을 확보하기 위한 걸음을 시작한 것으로 본다. 주체성을 확보하기 위한 이 환상의 횡단은 타자들이 구성해놓은 상징계의 상징들을 횡단하여 큰사물이 있는 실재의 자리를 발견하고 큰사물이 나타나게 만든다. 큰사물이 나타난다는 것은 경험해보지 않은 자기, 타자에 의해 규정되거나 정의되지 않은 자기를 드러내는 것이다. 그렇기 때문에 라캉의 주체는 반드시 주체 안에 있는 타자성에 대한 이해에서 시작한다. 이것이 주체를 분석하기 위해 타자를 분석해야 하는 이유다.

5장\
\헤겔의 즉자대자와 라캉의 타자

대중적으로 라캉을 알린 두 이론이 있다면 욕망이론과 주체이론일 것이다. 그러나 라캉의 이론 전체를 두고 생각해 보면 라캉의 타자 개념이 주체 개념보다 앞서 있다. 주체성은 타자의 영향으로 구성되었기 때문이다. 타자로부터 독립되어야 확정되는 주체성이 타자의 영향으로 구성된다는, 이 아이러니한 주체이론이 라캉의 정신분석을 특별하게 해 준다. 라캉의 정신분석이론을 한 구절로 표현한다면 "언어에 나타난 타자성과 주체성의 상호성 분석"이다. 여기서 언어가 소쉬르의 영향 아래 있다면, 타자성과 주체성의 상호성은 헤겔의 영향 아래 있다고 볼 수 있다. 다른 인문학자들의 영향은 그사이 어디 즈음에 있다. 심지어 라캉이 가장 많이 언급한 하이데거조차도 라캉의 정신분석 전체의 맥락 안에서 보자면 소쉬르와 헤겔 사이 어디에 있다.

헤겔에 의하면 사람은 외부를 자기 안으로 받아들이기 위하여 '감각-지각-오성-자기 의식'의 과정을 거친다. 이 과정은 칸트가 인지 과정을 '감각-지각-통각'으로 정의한 것과 흡사하다. 칸트가 자기 의식을 중심으로 개념을 전개하였다면, 헤겔은 자기와 타자의 변증법적 운동을 중심으로 개념을 전개하였다.

감각은 타자를 자기에게로 받아들이기 위한 첫 번째 단계다. 시각, 청각, 후각, 촉각, 미각을 통해 외부가 자기에게로 들어온다. 감각이 없으면 자기는 오직 홀로 있다. 외부가 존재해도 그것을 확인할 수 있는 방법이 없다. 그렇다면 홀로 있는 것은 존재하는 것일까? 아무것도 없었다면 자기가 존재하는 것을 확인할 방법도 없다. 감각이 없다면 외부는 자기에게로 도래할 수 없고 외부가 자기에게로 도래할 수 없다면 자기는 자기가 무엇인지 모른다. 태어날 때부터 청각도, 시각도, 촉각도, 미각도, 후각도 없었다면 그는 어떤 외부도 느낄 수 없고 결국 자기를 느낄 수도 없다. 사람은 외부와의 관계 속에서만 자기를 확인할 수 있고, 타자와의 관계 속에서만 존재할 수 있다.

이렇게 감각을 통해 들어온 외부, 즉 타자는 자기와의 차이를 통해 지각된다. 어둠이 없으면 빛은 지각되지 못하고 악이 없으면 선이 지각되지 못한다. 지각되려면 차이가 발생해야 한다. 이렇게 타자와의 차이를 확인할 수 있는 것이 지각이다.

타자와의 차이를 확인하게 되면 각 대상을 구분할 수 있게 되는데 이것이 오성이다. 칸트가 사용하는 오성과 헤겔이 사용하는 오성이 다르다. 칸트의 오성은 대상을 개념화하는 능력이고, 헤겔의 오성은 대상을 구별하는 능력이다.

칸트는 대상 자체를 자기의 의식 틀을 통해 개념화하고, 헤겔은 각 대상의 차이를 통해 대상 자체를 개념화한다.

이렇게 각 대상의 차이를 구별하면 그제야 자기의 관심은 타자에서 자기에게로 온다. 자기에게 관심을 갖고 나중에 타자를 보는 것이 아니라 구별을 통해 타자를 먼저 개념화하고 나중에야 자기 의식을 구성한다. 자기 의식을 구성하고 나면 그것을 인정 받고 싶어 한다. 자기 의식을 인정 받기 위해서는 다시 타자가 필요하다. 여기서 타자와 자기 의식 간의 인정 투쟁이 시작된다. 인정 받기 위한 방법은 다양하게 있지만 헤겔은 명료한 이해를 위해 극단적인 예를 들어서 인정 투쟁에서 승리한 사람을 주인으로 묘사하고 인정 투쟁에서 패배한 사람을 노예로 묘사한다. 주인은 노예를 부리면서 인정을 받는다고 생각하지만 그것은 노예의 자발적인 인정이 아니다. 그저 주인이기 때문에 어쩔 수 없이 하는 인정이다. 반면 노예는 패배했으니 자신의 일로부터 인정을 받는 존재가 된다. 그래서 노예는 주인보다 일에 집중한다. 노예는 일의 대상인 자연으로부터 인정을 받지만, 주인은 일을 하지 않으니 노예에게 인정 받기를 갈구한다. 인정 받을 대상으로서의 노예가 없다면 주인의 승리도 없는 것과 다름없다. 패자가 없다면 승자도 없다. 승자는 자기를 승자로 만들어줄 패자의 인정이 있어야 한다. 이렇게 인정 받기 위한 투쟁은 승리했다고 해서 끝나는 것이 아니라 타자가 있는 한 지속되면서 변증법적 운동을 한다. 그래서 모든 인간에게는 주인으로서의 의식과 노예로서의 의식이 항상 같이 있으면서 투쟁한다.

헤겔은 이러한 타자와 자기의 변증법적 운동이 자기 의식 가운데에서 지속적으로 발생한다고 보았다. 헤겔은 자기 자체, 즉 물자체로서의 자기SELF를 즉자卽自라고 불렀다. 즉 자는 아직 드러나지 않은 자기로서 완전히 독립적인, 타자 성에 물들지 않은 절대 자기다. 인간의 정신은 언제나 즉자 이고자 한다. 언제나 타자로부터 완전히 독립적인 자기로 돌아가고 싶어하기 때문에 즉자는 모든 인간에게 출발점 이자 목적지다. 그러나 인간은 공동체를 떠나서 생존할 수 없는 존재기 때문에 반드시 타자를 만난다. 타자를 만나서 형성되는 자기가 대자對自다. 대자는 타자 자체가 아니라 자 기 안으로 들어온 타자다. 자기는 결코 타자 자체를 인식할 수 없다. 자기가 인식하는 타자는 타자 자체가 아니라 결국 자기다. 그렇게 자기가 된 타자가 대자다. 즉자만 있던 자 기 안에 타자가 들어오면 즉자는 부정된다. 즉자가 부정되 지 않고는 타자가 들어올 수 없다. 즉자는 스스로 독립적이 며 완전하고자 하기 때문이다. 여기서 부정은 완전한 부정 이 아니라 일면의 부정이다. 타자가 자기 안으로 들어오려 면 즉자의 부정은 반드시 일어난다. 이렇게 타자 때문에 즉 자가 부정됨으로써 대자가 발생한다. 이렇게 형성된 대자 는 다시 즉자로 회기하고자 하는 운동성을 갖는다. 즉자는 타자성에 물들지 않는 절대 자기며 물자체로서의 자기기 때문이다. 정신은 언제나 즉자이고자 하는 운동성을 지니기 때문에 대자는 즉자의 에너지에 의해 부정의 부정을 거치며 다시 즉자화된다. 이렇게 대자를 거쳐서 다시 즉자로 회귀하여 형성된 자기가 '즉자대자'다. 이 '즉자대자'는 새로운 자기로서의 즉자가 된다. 이렇게 물자체로서의 자기는 '즉자-대자-즉자대자'의 운동성을 반복하며 성장한다. 이것을 후대의 학자들이 '정-반-합'이라고 불렀다.

이렇게 처음 것을 부정함으로 다음 단계로 변한 후에 다시 부정의 부정으로 처음 것을 보존하려는 속성을 지양止揚이라고 부른다. 지양은 새로운 것으로써 처음 것을 부정하지만, 처음 것의 가치를 다시 깨닫거나 새로운 것의 근원이 처음 것이었다는 깨달음으로 처음 것도 되찾는다는 의미다. 즉 지양에는 새로운 것으로써 처음 것을 변화시키는 동시에 보존하는 운동성이 있다. 지양은 모순과 대립을 해결하는 방법이며 부정과 부정의 부정을 사용하여 성장한다. 헤겔은 인간이 이러한 지양을 통해 참과 거짓을 구분하여 절대정신에 이를 수 있다고 보았다.

라캉은 헤겔의 타자 개념으로부터 강한 영향을 받았지만, 인간은 절대정신에 이를 수는 없다고 보았다. 헤겔이 변증법적 운동을 통해 도달하고자 하는 목적지가 보편 이성으로서의 절대정신이었다면, 라캉이 도달하고자 하는 목적지는 새롭게 창안된 자기 주체다. 헤겔은 타자와 자기 사이의 변증법적 운동을 동등한 관계의 운동으로 보았다. 그러한 헤겔의 관점은 인정 투쟁에서 잘 나타난다. 주인 의식이었던 타자가 변증법적 운동을 통해 노예 의식이 되기도 하고 또다시 변증법적 운동을 통해 주인 의식이 되기도 한다. 그러나 라캉은 타자가 자기보다 압도적이라고 보았다. 왜냐하면 자기는 태어난 직후부터 동등한 수준에서 타자를 만나는 것이 아니라 아기로서 절대 사랑과 절대 대상인 엄마를 타자로 만나기 때문이다. 엄마가 동등한 타자로 자리하기도 전에 아버지라는 타자를 만나고 성인이 되면 사회라고 하는 거대한 타자를 만나게 된다. 라캉의 개념에서 타자는 결코 동등한 수준으로 인식할 수 없는 거대한 존재다. 주체의 주도권은 자아가 아니라 타자에게 있다. 그렇기 때문에 라캉은 주체화를 위해 타협이 아니라 저항해야 한다고 여겼다. 타자로부터 저항하지 않고는 결코 주체적일 수 없다고 보았다. 여기서 저항이란 물리적 개념이 아니고 존재적 개념이다. 존재는 오직 상징으로 드러나기 때문에 라캉이 타자를 향해 저항해야 한다고 말하는 것은 상징을 통한 저항, 즉 언어를 통한 저항이다. 라캉에게 타자는 상징, 즉 언어를 통해 자기에게 들어오기 때문에 '무의식은 타자의 담화'라는 유명한 말을 남기기도 했다. 언어를 통해 저항한다는 것은 자기의 언어를 지배하는 타자를 언어로부터 벗겨내고 자기가 언어의 주인이 되는 것을 의미한다. 타자의 말을 반복하는 자기 언어에 직면하고 그 반복에서 벗어나 자기 언어를 창안하는 것이 라캉의 정신분석 과정이다.

언어를 통해 타자가 자기에게 들어온다는 것은 타자가 타자 자체로 인지될 수 없다는 것을 의미한다. 라캉에게 자기와 타자 사이에는 상징이라는 거대한 벽이 존재하고 오직 상징을 통해서만 타자를 만날 수 있다.

라캉은 타자를 소타자autre/other와 대타자Autre/Other로 구분했다. 소타자는 이미지를 통해 자기 내면화된 타자다. 아기가 거울을 처음 볼 때는 타자인 것으로 생각한다. 그러다가 지속적인 관찰을 통해 거울에 비친 상이 자기라는 것을 발견한다. 그러나 거울에 비친 자기는 완전한 자기가 아니라 하나의 상像이다. 그저 이미지일 뿐인 그 모습을 자기라고 생각하는 것과 같은 원리로 타자를 바라볼 때도 하나의 상으로 바라보게 된다. 타자 자체를 인지하는 것이 아니라 타자의 상을 인지한다. 그마저도 타자의 상을 그대로 인지하는 것이 아니라 자기의 상을 통해 타자의 상을 인지한다. 즉 자기가 인지 가능한 상 안에서만 타자를 인지할 수 있다. 그렇기 때문에 자기가 인지한 타자는 결국 자기 상의 결과다. 그래서 소타자는 타자지만, 자기의 반영과 투사기도 하다. 그래서 소타자는 상상계적 영역 안에 있다. 모든 개별적 타자는 결국 소타자가 된다. 이러한 소타자 개념은 헤겔의 대자 개념에서 출발하였다.

타자와 담화가 구성되기 시작하면 타자는 모두 대타자가 된다. 담화가 시작되면 상상계적 착각성에 타자를 가둬둘 수가 없다. 그래서 자기 상에 투사된 타자 상에 대한 예상을 깨고 자기 인식에 대한 부정이 시작된다. 흔들리고 엇갈린다. 자기 상의 결과로 나타나던 소타자가 담화가 시작되면 이미지(상)가 아닌 언어적 상징을 통해 나타난다. 언어는 자기가 태어나기 이전부터 타자들에 의해 만들어졌고 타자들에 의해 학습되었다. 언어는 순전히 타자이며 담화를 통해 자기에게 들어오는 타자는 순전히 상징이다. 타자 자체는 없다. 모두 같은 상징을 사용하기 때문에 개별적 타자들은 결국 하나의 상징을 가지고 소통한다. 이 상징들에는 세상의 구조와 가치와 체계가 담겨 있다. 결국 한 언어 상징을 사용한다는 것은 같은 구조와 가치와 체계를 소통한다는 것과 다름없다. 그렇게 모두 같은 타자가 된다. 이것이 대타자다. 그러므로 대타자는 상징계 자체며 각 주체를 중개하는 역할을 한다. 대타자를 거치지 않고 각각의 주체는 중개되지 않는다. 라캉은 대타자를 '말이 구성되는 장소'라고 표현하기도 하고 모든 담화는 대타자 속에서 기원한다고 말하기도 했다. 무의식은 타자의 담화라는 말은 결국 무의식은 대타자의 담화라는 말과 같다. 언어 상징 체계 안으로 완전히 들어오기 전의 아기에게는 엄마가 대타자다. 그러다가 가부장적 사회에서 아버지가 엄마의 권위 위에 있다는 것을 알게 되면 아버지가 대타자가 된다. 아버지는 아기를 상징계로 안내하는 역할을 하며 상징계로 들어올 만큼 성장한 아기의 대타자는 상징계가 된다. 상징계로서의 대타자는 완벽을 갖추려고 하지만, 균열이 생길 수밖에 없다.

상징계는 완전할 수 없으며 주체는 첫 대타자였던 엄마의 사랑을 그리워한다. 욕구를 완전히 수용해주었으나 전능하지 않았던 첫 번째 대타자인 엄마와 전능하지만 욕구를 수용해주지 않는 상징계적 대타자 사이에서, 주체는 본래적 자기를 상실하여 분열되고 본래적 자기를 상실하여 분열된 주체에게 대타자도 분열되어 나타난다. 라캉은 프랑스어로 타자를 의미하는 autre의 a를 대문자로 사용하여 대타자를 A라고 표기하고, 프랑스어로 주체의 의미인 Sujet를 사용하여 주체를 S라고 표기한다. 분열된 주체는 $\mathcal{S}$로 표기하고 분열된 대타자는 $\mathcal{A}$로 표기한다.

라캉은 소타자와 대타자에 관한 이러한 이론을 L도식을 통해 설명했다. L도식으로 불리는 이 도식은 그리스어의 L에서 가져온 문자로 영어 기준으로 보면 Z에 가깝다. L도식에서 첫 번째 선은 소타자와 자아의 사선이다.

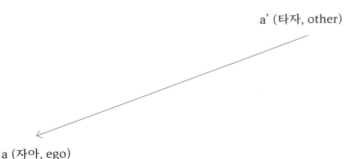

a' (타자, other)

a (자아, ego)

타자가 자아를 만든다. 헤겔의 대자 개념과 라캉의 거울 이론을 기준으로 생각해보면 자아는 타자 때문에 형성되었다. 그렇기 때문에 타자는 또 다른 자아다. 자아는 자기가 거울을 보듯이 바라보는 자기 상^{image}이다. 자아는 외부로 발현되지 않고 자기 내면에 있는 상이기 때문에 실재가 아니다. 타자에게 내보이는 것이 아니기 때문에 상징은 더더욱 아니다. 자아는 상상계적 존재며 자아와 타자의 관계는 상상계적 관계다. 타자와의 관계로 들어가서 발생하는 자아와의 내적 역동은 실재적이거나 상징적이지 않고 상상적이다. 자아를 형성하는 것은 소타자^{other}만이 아니다. 훨씬 더 강력하게 자아를 형성하는 것이 대타자다. 그래서 자아는 두 타자로부터 영향을 받는다.

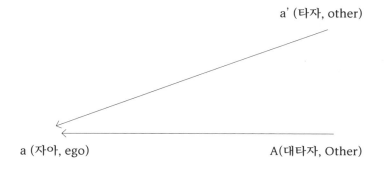

a' (타자, other)

a (자아, ego)　　　　　　　　　A(대타자, Other)

대타자도 자아를 만든다. 대타자가 자아에게 미치는 영향은 소타자가 자아에게 미치는 영향보다 크다. 자아는 소타자를 통해 내면화한 상상계적 자기 상을 상징계적 대타자를 통해 확인한다. 즉 대타자가 허락한 상을 내면화한다. 자아는 상상계적 영역에 있지만, 상징계적 대타자의 허락을 구한다. 자아는 소타자도 대타자도 자기 상으로 받아들여 자아를 강화하거나 확장한다. 자아는 결국 타자다.

　자아는 자기 스스로 보는 자기 상으로서 상상계적이기 때문에 타자에게 그대로 나타나지 않는다. 타자로부터 형성되었지만, 타자에게 드러나지 않는다는 의미에서 자아는 아이러니하다. 타자에게 드러나는 것은 자아가 아니라 주체다. 자아와 주체는 다르다. 자기가 보는 자기 상과 타자에게 드러내는 자기는 다르다. 주체는 소타자를 향하지만 원활하지 않다. 소타자와 대타자를 모두 타자로서 이해해야 하는데 주체는 자아에 이미 구성된 상상계적 자기 상으로 말미암아 대타자적 영향이 막혔기 때문이다.

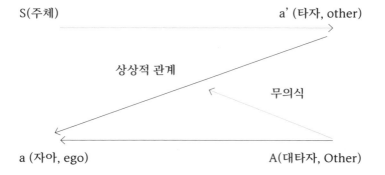

대타자는 상징계를 구성하는 무의식의 주인으로서 주체에게 영향력을 행사하고자 하지만, 자아와 소타자가 형성한 상상적 자기 상으로 실패한다. 대타자와 주체의 관계는 자아의 상상적 관계로 막혀버린다. 이것은 상상계와 상징계의 대립을 잘 나타낸다. 자아의 상상적 자기 상과 주체가 실행해내야 하는 상징적 상이 대립되면서 주체는 분열된다.

  이 원리는 실제 타자와의 소통에서도 나타나지만, 대타자를 통해 맺는 자기 무의식과의 관계에도 적용된다. 대타자적 무의식과 맺는 관계는 자기 스스로 구성한 소타자적 자아 상의 방해로 불안정해진다. L도식은 주체가 어떠해야 한다고 주장하는 것이 아니라 인간의 주체적 분열 상태가 어떠하다고 보여주는 것이다.

  헤겔의 즉자와 대자 개념이 즉자대자로 발전하는 것처럼 라캉의 타자 개념은 정체성 개념을 구조화한다. 도식 L은 이미 정체성의 구조를 담고 있다. 정체성은 주체와 타자 사이에서 균형을 이루며 만들어진다. 이는 마치 즉자와 대자 사이에서 균형을 이루며 즉자대자가 만들어지는 것과 같다. 정체성은 세 단계를 갖는다.

  첫 번째 단계의 정체성은 동일시의 단계다. 프로이드는 이것을 "됨"이라고 표현했다. 타자를 보고 타자가 됨으로 첫 번째 정체성을 확보한다. 라캉도 첫 번째 단계의 정체성에 있어서 프로이드와 큰 이견을 갖지 않는다. 다만 라캉은 이 "됨"의 정체성에 대하여 중요한 특징을 서술하는데 그 것이 자신에 대한 사랑이다. 주체가 동일시의 방법으로 타 자가 되고자 하는 것은 자기를 사랑하는 방식이다. 이것은 거울이론과도 연결되는 지점을 갖는다. 거울을 통해서만 자기를 인식할 수 있는 아기처럼 오직 타자를 통해서만 자 기를 찾는다. 그래서 첫 번째 단계의 정체성은 상상적이다. 상상적이기 때문에 나르시스적으로 나타난다. 가장 좋은 타자들의 모양을 동일시하여 자기로 인식하기 때문에 망 상과 광기의 특징을 갖는다.

두 번째 단계의 정체성은 상상적으로 동일시한 타자가 본 래적 자기가 아니라는 것을 확인하고 상상적 자기에서 도 망 치거나 다른 타자를 통해 대체적 동일시를 취한다. 상 상적 자기에서 도망 치면 부재를 경험하고 또 다른 타자를 통해 대체하면 결핍을 경험한다. 부재는 은유로 결핍은 환 유로 정체성이 형성된다. 더 적절한 은유를 찾기도 하고 부 족한 부분을 채울 수 있는 타자의 '어떤 부분'을 동일시하 여 대체를 연쇄한다. 첫 번째 정체성이 온전히 동일시였다 면 두 번째 정체성은 동일시한 타자와의 차이의 발견에 따 른 불안이다. 이는 헤겔의 즉자와 대자 사이에서 발생하는 '부정'과 같은 맥락이다. 프로이드는 두 번째 정체성을 '가 짐'이라고 표현했지만, 라캉은 이를 은유와 환유로 표현했 다. 이 은유와 환유 작용은 정체성이 형성된 이후에 지속 적으로 반복된다. 이 반복은 무의식적이고 자동적으로 나타난다. 이렇게 정체성을 형성하는 과정에서 주체성이 나타난다. 타자를 동일시하고 차이를 확인하는 반복 과정에서 주체적 자기, 본래적 자기가 발현된다. 이 과정에서 가장 중요한 작용이 결핍의 발견이다. 타자와의 동일시를 통해서 채워지지 않는 결핍의 자리가 확보되면 그곳이 바로 주체의 자리다. 자기 안에서 타자가 없는 자리가 바로 주체의 자리다.

세 번째 단계의 정체성은 바로 이 결핍을 중심으로 구성된다. 첫 번째 단계의 정체성과 두 번째 단계의 정체성은 기본적으로 수직적 구조다. 타자에게 자기의 정체성을 구성하도록 중심을 내어준다. 그러나 세 번째 단계의 정체성은 타자와의 동일시로 채울 수 없는 결핍과 공백을 중심으로 정체성을 구성하기 때문에 타자와 수평적이다. 프로이드는 이러한 수평적 구조의 정체성을 개념적으로만 언급하고 대체로 수직적 구조의 정체성을 중심으로 정신분석 이론을 펼쳐나갔다. 그러나 라캉은 수직적 구조의 정체성보다 수평적 구조의 정체성에 더 큰 가치를 두고 세 번째 정체성을 중심으로 정신분석을 이론을 펼쳐나갔다. 그래서 프로이드가 동일시의 주 대상인 엄마와 아버지를 탐색하는 데 정신분석의 시간을 쏟았다면, 라캉은 엄마와 아버지가 채우지 못한 공백과 결핍을 탐색하는 데 정신분석의 시간을 쏟았다. 라캉은 그 공백의 자리를 대상a라고 부른다. 주체는 인생 여정에서 수많은 사람과 행동, 사물로 이 대상a를 채우려고 하지만, 이 대상a를 채울 수 있는 것은 주체 자신뿐이다. 대상a는 모든 사람에게 지문처럼 다르게 나타날 수밖에 없으며 그렇기 때문에 독보적인 개인의 특성이 될 수 있다. 인간의 정동 또한 이 대상a를 중심으로 형성된다. 그렇기 때문에 모든 사람의 정동은 불일치한다. 정동의 이름을 붙여서 모든 사람의 정동이 동일한 것처럼 분류하는 것은 그 개인의 정신을 분석하는 데 위험한 일반화가 된다. 모두가 타자인데 정동이 일치하는 것은 실재를 상징화하는 작업과 다름없다.

6장\
\플라톤의 향연과 라캉의 사랑

　플라톤의 『향연』은 아폴로도로스가 아가톤의 집에서 있었던 향연에 대한 이야기를 아리스토데모스에게 전해주면서 시작된다. 아가톤의 집에서 있었던 향연에서는 사랑의 신 에로스에 대한 찬양이 이어졌다.

　파이드로스는 에로스가 고귀하고 가장 오래된 신이며 명예심과 희생 정신처럼 가장 좋은 것들의 원인이 되는 신이기 때문에 칭송 받아 마땅하다고 주장했다. 파우사니우스는 에로스가 늘 좋기만 한 것은 아니며 좋은 에로스와 나쁜 에로스로 구분된다고 주장하였다. 좋은 에로스와 나쁜 에로스의 구분은 지향하는 목적에 따라 달라진다. 좋은 에로스는 덕을 목적으로 하며, 행위 자체가 같다고 할지라도 덕이 없으면 나쁜 에로스로 보았다. 또한 육체에 속한 에로스와 천상에 속한 에로스를 구분하여 천상의 에로스는 육체뿐 아니라 덕과 성품을 지향하는 에로스라고 하였다. 의사인 에뤽시마코스는 에로스를 학문적인 입장에서 접근하였다. 에뤽시마코스는 에로스는 의술과 천문학, 음악 등의 학문적인 토대가 되는 우주적 원리라고 보았다. 우주적 원리라는 것은 이분법적 원리를 의미한다. 에뤽시마코스의 에로스도 파우사니우스가 말했던 좋은 에로스와 나쁜 에로스처럼 건강한 것과 질병에 드는 것, 비움과 채움, 휴식과 노고, 일치와 분열 등의 이분법과 관계가 있다. 또한 화음과 리듬, 가락과 운율을 구성하는 것도 에로스의 영역이며 고음과 저음, 조화와 부조화를 만드는 것도 에로스의 영역이다. 질서와 무질서도 에로스의 영역이라는 의미에서 서리, 우박, 별들의 운행도 에로스의 영역이고, 경건과 불경건도 에로스의 영역이다. 아리스토파네스는 에뤽시마코스가 말했던 우주적 원리에서 더 나아가 인간의 기원에 에로스가 있다고 하였다. 사랑이란 잃어버린 반쪽을 찾아가는 신화와 관련이 되어 있다. 사랑은 곧 완전해지려는 욕망이라는 주장이다. 인간은 남성과 여성만 있는 것이 아니라 남성과 여성을 함께 갖고 있는 존재도 있었다. 남성은 태양의 자식이고, 여성은 지구의 자식이며, 양성 존재는 달의 자식이다. 달은 태양과도, 지구와도 관여할 수 있다. 그런데 달의 자식인 양성 존재는 능력도 있고 성품이 방자하여 신들의 노여움을 사서 반으로 갈라졌다. 반으로 잘린 양성 존재는 다시 하나가 되고자 하는 욕망을 가질 수밖에 없었다. 다시 하나가 되고자 하는 욕망은 성행위와 결혼뿐 아니라 공동체 생활에 대한 욕망으로 표현된다. 이렇게 하나가 되고자 하는 욕망을 사랑이라고 부른다. 아리스토파네스 다음에는 집의 주인인 아가톤의 연설이 이어졌다. 아가톤은 시인으로서 아름다운 운율로 에로스를 칭송했다. 아가톤은 에로스가 아름답고 훌륭하기 때문에 가장 행복하다고 보았다. 에로스는 항상 젊고 섬세하며 우아하고 균형이 있다. 그뿐 아니라 정의로우며 용감하고 창의적이며 현명하다. 평화와 즐거움의 근원이고 무엇보다도 다른 신들로부터 칭송 받는 존재다.

　마지막 연설자는 소크라테스였다. 소크라테스는 앞선 연설자들의 의견을 하나씩 반박하고 자기의 의견을 펼쳤다. 에로스를 완벽하게 묘사한 주장에 대해서 소크라테스는 에로스가 결핍을 지닌 존재라고 반박했다. 에로스는 늘 아름다운 것을 갈망하는데 그 이유는 충분히 아름답지 않기 때문이라는 것이다. 충분히 아름답다면 더는 갈망하지 않을 것인데 에로스가 아름다움을 원하고 있기 때문에 아름다움에 결핍이 있다는 것이다. 또한 에로스는 홀로 완전하지 않고 관계 개념으로만 등장한다. 즉 그냥 '사랑'이라고 하지 않고 아버지의 사랑 혹은 어머니의 사랑처럼 어떤 것의 에로스이기 때문에 관계를 떠나서는 완전해질 수 없다. 여기서 아버지의 사랑이라고 할 때 아버지의 사랑을 받고자 한다는 것은 아버지가 결핍되어 있다는 증거다. 그러니까 사랑은 결핍을 채우는 역할을 하는 것이지 그 자체로 완전하지 않다. 이런 의미에서 사랑은 욕망의 의미를 갖는다. 즉 사랑은 갖고 있지 않은 것, 결핍된 것을 채우기를 욕망하는 것이다. 그러나 결핍된 빈자리는 결코 채워지지 않으며 계속 비어 있다. 왜냐하면 사랑으로 채우려는 결핍된 자리와 사랑의 대상은 애초에 다르기 때문이다. 소크라테스는 에로스에 대해 더 명료하게 설명하기 위해 디오티마라는 여자 예언자를 소개했다. 디오티마에 의하면 에로스는 중간자다. 신의 자식으로서 신과 인간의 중간에 있는 존재로 다이몬이라고 불리는 일종의 신령이다. 포로스와 페니아의 자식인 에로스는 양 부모의 성격을 모두 갖고 있다. 포로스를 닮아 아름답고 용감하고 현명하기도 하지만, 페니아를 닮아서 더럽고 자유로우며 결핍되어 있기도 하다. 에로스가 목적하는 바는 행복이며 좋은 것을 소유하려는 욕망과 자기를 보존하려는 속성을 갖고 있다.

소크라테스의 연설 후에 알키비아데스의 소크라테스 찬양이 이어졌다. 알키비아데스는 소크라테스에게서 자신의 '아갈마'를 보기를 원했다. 아갈마는 장식 혹은 조각상이라는 뜻을 가진 그리스어로 욕망의 대상을 의미한다. 소크라테스는 알키비아데스가 자신을 찬양한 것에 대하여 자신은 그것, 즉 아갈마를 갖고 있지 않다고 하며 오히려 자신도 그것을 찾고 있다고 했다.

『향연』은 사랑에 대한 여러 주장과 의견을 여러 사람의 의견을 통해 보여준다. 라캉은 세미나 8에서 『향연』을 분석하는데, 특히 아리스토파네스와 소크라테스의 의견을 중심으로 분석한다. 플라톤의 『향연』은 라캉의 사랑에 대한 이론뿐 아니라 욕망이론에도 큰 영향을 주었다. 『향연』

에 대한 라캉의 분석은 사랑에 대한 개념뿐 아니라 욕구와 욕망에 대한 방대한 개념까지 확장되어 있기 때문에 본 장에서는 분석을 자세히 다루지 않고 사랑에 대한 내용만을 정리하고자 한다. 사랑에 대해서 라캉만큼 많은 양을 할애해서 설명한 정신분석가를 찾아보기는 어려울 것이다. 사랑은 정신분석적이라기보다 문학적이고 개념화하기에는 추상적인 요소가 강하기 때문이다. 그러나 라캉은 정신분석에 있어서 사랑에 대한 정리가 매우 중요하다고 보았다. 심지어 라캉은 세미나 20에서 '정신분석은 결국 사랑에 대해서 말하는 것'이라고 하였다.

　라캉은 아리스토파네스가 말했던 신화를 분석하며 사랑은 사랑하는 사람과 융합했다는 착각이라고 보았다. 착각이라면 사랑은 존재하지 않는 것일까? 라캉은 존재 개념에서 착각을 매우 중요하게 여긴다. 인간은 착각하지 않으면 존재하기 어렵다. 모든 관계는 착각에서 시작되며 그러한 착각으로 구성된 것이 상상계다. 상상계가 구성되지 않으면 상징계적 관계로 진입할 수 없다. 착각하는 것은 존재하지 않는 것이라고 정의하면 상상계적 산물인 자아도 존재하지 않는 것이다. 자아는 결국 자기에 대한 자기 상, 즉 자기에 대한 착각이기 때문이다. 그러므로 사랑이 착각이라는 것이 사랑이 존재하지 않는 것이라고 말하는 것은 아니다. 그렇기 때문에 사랑은 상상계에서 시작한다. 상상적 작용은 심리적 현실로 존재한다. 이것이 부정되면 인간의 정신을 분석할 수 없다. 『향연』에서도 나타난 것처럼 사랑을 욕망과 착각하는 경우가 있다. 연관은 있지만, 같지는 않다. 사랑은 상상계에 속하고 욕망은 상징계에서 실재계를 바라는 자리에 있는 작용이다. 오히려 사랑은 욕망과 대립되기도 한다. 사랑은 상상계적 환상이고 욕망은 상징계적 환상이다. 상상계적 환상인 사랑은 때로 상징계가 구성하는 환상인 욕망보다 존재에 더 크게 작용한다. 사랑과 욕망은 대립 구도를 갖고 있지만, 유사성도 적지 않기 때문에 사랑과 욕망의 개념적 관계는 매우 복잡하다.

　사랑과 욕망의 유사성은 결핍에 있다. 결핍을 환상으로 대체하면 상상계로 진입하여 사랑이 되고 결핍을 사물로 대체하면 상징계로 진입하여 욕망이 된다. 라캉은 소크라테스의 사랑에 대한 주장과 같이 사랑은 결핍과 부재를 보충하기 위한 심리적 원리라고 보았다. 사랑은 상상계적이면서 결핍과 부재를 보충하는 심리적 원리기 때문에 라캉은 사랑을 기만적이라고 하였다. 상상이면서도 실제로 충만해지거나 만족하기도 하기 때문에 기만적이다. 결과적으로 사랑은 '가지지 않은 것을 주는 것'이다. 더불어 사랑 받는 대상은 존재하지 않는 것을 받기도 한다. 사랑과 욕망의 유사성은 여기서도 발생하는데 욕망도 존재하지 않는 것을 지향한다. 그래서 사랑과 욕망은 지속적이고 당위적이지만 충족되지 않는다.

　라캉은 소크라테스의 말을 분석하며 사랑이 부재와 결핍

으로 발생한다고 하였다. 사랑은 불가능한 성관계에 대한 부재로부터 발생한다. 불가능한 성관계란 근친상간적 성관계다. 프로이드가 '근친상간적 성관계의 부재가 무의식에 영향을 끼친다'고 주장하자 학계는 '프로이드가 지나치게 성적인 주장을 한다'며 비판했다. 라캉은 이러한 학계의 분위기를 비판했다. 레비스트로스가 근친상간의 금기가 인류의 문화적 구조를 형성했다고 주장한 것을 생각해보면 근친상간의 금기가 한 사람의 상상에 영향을 끼쳤다고 주장하는 것은 매우 현실적이다. 금기로 부재된 성관계는 근친상간뿐 아니다. 내가 탐한다고 해서 누구나와 성관계를 가질 수는 없다. 원하는 대상과의 성관계를 완전히 실현하고 살아가는 사람은 없다. 수없이 많은 성관계들이 금기되어 있고, 그렇게 부재된 성관계는 사랑이라는 형식의 가능한 융합으로 발전하는 것이 지극히 자연스럽다. 그 부재를 채우는 대상을 라캉은 대상a라고 표현하였다. 여기서 a는 알키미아데스가 소크라테스에게서 찾고자 했던 바로 그 아갈마의 첫 문자 a다. 대상a는 성관계의 부재를 채우기 위해 대체되는 무언가다.

그리고 사랑은 존재에 대한 결핍으로 발생한다. 성관계의 부재에 등장했던 대상a는 존재의 결핍에도 적용할 수 있다. 부재뿐 아니라 결핍에서도 대상a를 필요로 한다. 인간은 존재자로 살아갈 뿐 존재가 무엇인지를 알 수 있는 방법조차 없다. 인간이 태어나면서부터 접하는 상징계는 존재자를 규정할 뿐 존재를 상징화할 수 있는 방법은 없다. 라캉은 소크라테스의 주장처럼 사랑은 자기를 보존하려는 속성을 갖는다고 보았다. 자기를 보존하려는 속성은 존재를 보존하려는 속성이다. 존재자로 드러난 자기는 이미 사회적 합의로 상징계적 체계 안에서 잘 보존되고 있다. 결핍은 존재자가 아니라 존재에 있으며 자기를 보존하려는 사랑의 속성은 존재를 향한다. 그렇기 때문에 존재자에서 존재를 찾아 여행을 떠나는 현존재는 사랑을 실현한다. 자기 존재를 찾을 수 없는 현존재는 타자에게서 존재를 찾는다. 그래서 사랑은 타자를 향하는 것 같지만, 자기를 향한다. 자기의 상실을 채우기 위해 시작한 여행이기 때문에 사랑은 본래적으로 자기성애적이다^{Narcissism}. 자기성애적이라는 것은 '사랑한다는 것은 결국 사랑 받고 싶어 하는 것'이라는 의미다. 그래서 사랑하기는 사랑 받기를 초래한다. 라캉은 사랑하기와 사랑 받기의 관계를 설명하기 위하여 예수와 인간의 관계를 예로 든다. 예수는 신이며 인간을 사랑하는 존재다. 인간은 사랑 받는 존재다. 그러나 예수의 희생적인 사랑으로 상황은 바뀌어 인간은 예수를 사랑하는 자가 되고, 예수는 사랑 받는 자가 된다.

라캉의 대상a 개념은 사랑과 떨어트려 생각할 수 없다. 대상a는 그것이 성관계의 부재이든 존재의 결핍이든 공백이 된 자리를 메꾼다. 그래서 대상a는 사랑의 대상a기도 하고 욕망의 대상a기도 하다. 사랑하는 자가 사랑 받는 자가 되는 관계를 생각해보면 사랑한다는 것은 대상a를 채운다는 의미뿐 아니라 대상a를 주는 의미도 있다. 사랑은 서로의 대상a가 되는 것이다. 그러나 부재와 결핍은 채워지지 않는다. 소크라테스가 자기에게는 아갈마가 없고 자기도 찾고 있다고 말한 것에 대해서 라캉은 소크라테스가 아갈마를 찾을 수 있다고 말한 것이 아니라 계속 찾아다니는 것이라고 해석했다. 즉 끝까지 찾을 수 없다는 의미다. 대상a는 아갈마에 대한 라캉의 해석처럼 계속 추구할 수밖에 없지만, 상징계에서 발견된 대상a만으로는 존재의 부재와 결핍을 완전히 충족할 수는 없다. 대상a의 실체는 실재계에 있기 때문이다. 상징계에는 근원적으로 성관계의 부재와 존재의 결핍을 채울 수 있는 것이 없다.

'부재와 결핍을 대체하는 것이 사랑이라면 사랑은 승화라고 봐야 하는가?' 라캉은 사랑과 승화를 구분하였다. 승화는 억압된 성이 상징계에서 허용된 성적이지 않은 다른 행위로 충족되는 방식이다. 예술이나 스포츠, 종교적 행위들이 대표적인 승화 현상이다. 그러나 사랑은 부재하거나 상실한 것을 유사한 것으로 대체한다. 엄마의 상실을 예술로 대체하는 것이 승화라면, 아내로 대체하는 것이 사랑이다. 대체의 유형적 측면으로 보자면 사랑은 은유에 가깝고, 승화는 환유에 가깝다.

7장

\후설의 내적 시간 의식과 라캉의 논리적 시간성

　후설의 연구에서 시간성에 대한 관심은 떠나지 않고 계속 나타났다. 후설은 시간성이 존재와 관계가 있다고 보았고 존재에 대한 철학적 고민은 시간성을 떠나서 생각할 수 없다고 보았다. 후설은 시간에 대하여 객관 시간과 시간 의식을 구분하였다. 객관 시간은 '과거-현재-미래'의 계열적 시간으로 누구나 동의할 수 있는 시간적 개념이다. 그러나 모든 사람이 이렇게 객관 시간을 객관 그대로 경험하지 않는다. 시간은 사람에 따라 '내적으로 의식화'된다. 누군가에게는 과거가 버겁고 거대하고, 누군가에게는 미래가 버겁고 거대하며, 또 누군가에게는 현재가 버겁고 거대하다. 객관 시간은 각자의 경험에 따라 내적 시간 의식의 장으로 환원된다. 내적 시간 의식의 장에서 과거와 미래가 현재와 연결된다. 과거는 상기되는 것일 뿐 현재에 존재하는 것은 아니지만, 내적 의식으로는 현재에 침입해 있고 미래는 예지하는 것일 뿐 현재에 존재하는 것이 아니지만, 내적 의식으로는 현재에 침입한다. 그렇다고 내적 시간 의식이 객관 시간을 무시하지는 않는다. 내적 시간 의식은 객관 시간과 더불어 형성되어 의식 속에서 연장 혹은 확대하면서 하나의 통일체로 의식된다. 하나의 통일체로 의식되기 때문에 어느 한쪽으로 치우쳤다고 생각하지 않고 내적으로 의식된 자기 시간성이 객관적이며 본래적이라고 생각한다.

하이데거는 후설의 제자로 후설이 시간 의식에 대해 논한 「철학과 현상학 연구 연보」를 편집한 것으로 알려졌다. 그래서 하이데거의 존재론에도 시간과 존재의 연관성이 나타난다. 그의 대표 저서의 제목도 『존재와 시간』이다. 하이데거는 시간성을 본래적 시간과 비본래적 시간으로 구분한다. 비본래적 시간은 미래의 사건을 도구적으로 기대하고 과거를 '망각'하며 '현재'가 다른 시간에 대해 우선한다. 지금에만 집중하게 만드는 방식의 비본래적 시간성의 현존재는 존재의 분열을 불러올 수밖에 없다. 현재는 과거의 역사성을 단절하고 구성될 수 없으며 미래의 도래는 연속적으로 침입한다. 비본래적 시간성에서 미래를 대하는 방식은 도구적이다. 미래가 도구적이라는 것은 본래적 자기와 상관없이 세계가 요구하는 도구성만을 고민하며 미래를 기대하는 것을 의미한다. 그래서 미래에 대해서 물을 때 대부분의 대답은 의사 혹은 선생님처럼 도구적 역할을 중심으로 대답한다. 행복이나 여행같이 비도구적으로 미래에 대한 물음에 대답하지 않는다. 이러한 도구적 미래에 대한 기대는 자기 존재를 '쓸모'로 한정한다. 이 쓸모는 결국 인간 현존재를 계열화하고 미래적 계열은 독자적 존재의 가능성을 망각한다. 비본래적 시간성으로 존재를 이해하면 과거도 망각하게 되는데 과거의 망각은 현존재의 역사성을 부정한다. 현존재의 현재는 역사성에 근거하여 정의되는데 과거가 망각되면 현재는 균열을 일으킬 수밖에 없다. 현재는 기억을 바탕으로 수용되고 기억은 과거에 속해 있기 때문에 과거의 망각은 현재를 왜곡하는 결과를 초래한다.

본래적 시간성은 탈자적 통일체다. 오직 현실에만 고정되어 있는 비본래적 자기가 탈자태脫自態하여 과거, 현재, 미래의 통일적 지평을 이루는 것이다. 시간은 근원적으로 자기를 벗어나는 과정이다. 현재는 과거를 벗고 이르렀으며 현재는 다시 벗어나 장래를 향한다. 그래서 인간은 기존성(기재성)과 현재화(현전화)를 끊임없이 반복하며 장래로 향한다. 그래서 과거와 현재, 미래는 서로 단절될 수 없고 통일되어 있어야 하며 현재만을 살아가는 존재자는 분열에 이르게 된다. 본래적 시간성은 끊임없이 탈자태하며 장래의 끝에 있는 죽음을 향해 달려가기 때문에 근본적으로 불안을 내포한다. 하이데거에게 시간성은 죽음을 향해 달려가는 한 언제나 불안을 품고 있으며 불안이 본래적 시간성을 가능하게 한다. 불안은 본래적 자기와 비본래적 자기 사이에 존재하고, 불안의 가장 깊은 곳에는 시간성의 끝에 있는 죽음을 품고 있으며, 매 순간 탈자태를 통해 현존재가 변하기 때문이다.

라캉은 "의식이 대상을 '원본적으로' 파악할 수 있는가?"

라고 문제를 제기하며 "기억 작용은 의식이 통제할 수 있는 질서에 속하지 않는다."고 하였다. 이는 후설이 자신의 논문 「내적 시간 의식의 현상학에 대하여」에서 밝힌 내용과 동일하다. 즉 라캉에게 증상은 기억 작용이 의식에 의해 고통스런 부분만 통제되어 나타난 현상이며, 치료는 의식이 통제하지 못한 쾌락의 기억 작용을 시간성 안으로 끌어들이는 것이라고 보았다. 이렇듯 의식이 통제하지 못한 쾌락의 기억 작용을 시간성 안으로 끌어들이기 위해서 논리적 시간성을 구성해야 한다. 이는 후설의 현상학에서 가장 중요한 테마 중의 하나인 '내적 시간 의식'과 연결되는 지점이다. 후설에 의하면 통일된 자기 의식을 소유하기 위해서는 이질적인 모든 체험이 '내 체험'으로 의식되어야 하는데 다양한 체험의 종합적 통일을 가능하게 하는 것이 시간성이다.

라캉에게 '존재의 드러나지 않은 부분을 드러내거나 통합되지 않은 존재를 통합하는' 정신분석 과정은 그의 논문 「논리적 시간성」을 통해 요약되고 후설의 '내적 시간 의식'과 연결된다. 과거의 경험에만 의미를 두거나 현재의 체험만을 의식하거나 미래의 가능성만을 기대하는 방식은 주체의 종합적 통일을 이루기 어렵게 만든다. 과거만이 반복되거나 미래만을 지향하거나 과거와 미래를 단절시키고 현재만 살아가는 것은 주체에 증상을 도래시킨다. 이러한 증상은 주체의 시간이 타자들의 삶에 영향을 받아 구성되기 때문에 나타난다. 라캉은 시간성은 타자성과 분리될 수 없다고 보았다. 시간은 타자를 중심으로 논리화된다. 주체의 시간 안에 타자가 개입해 있기 때문에 타자를 논외로 하고는 주체적 시간을 논할 수 없다. 시간성 안에서 증상은 실재기 때문에 제거할 대상이 아니라 수용하고 통합할 대상이다. 실재에는 과거도 있으며 미래도 침입한다. 상징계는 현재만을 고집하지만, 과거와 미래의 실재가 현재를 침입하며 상징계를 흔든다. 상징계의 안정감에 주체를 내어주고 있다가는 침입한 과거와 미래에 의해 증상이 강화된다. 때문에 오히려 증상이 논리적 시간 구성의 중심에 있어야 치료적으로 접근할 수 있다. 라캉의 치료는 증상을 중심으로 한 현재, 과거, 미래 모두를 내적으로 이미 알고 있는 원초적 의식으로 가정함으로써 시간성을 통합하여 주체의 통일을 이루어낸다. 라캉은 내적 시간 의식을 통해 사후적으로 시간성을 구성함으로 이러한 주체적 통합감을 이루는 것이 가능하다고 보았다. 라캉의 정신분석은 억압되어 왜곡되거나 사라졌던 공간성과 타자성을 동반한 시간성의 기억 작용을 사후적으로 통합하고 재구성하는 작업이다. 사후적 통합과정에서 시간성에 지속적으로 영향을 미치는 것은 원인에 대한 탐구다. 객관적 시간은 원인을 갖지 않고 흐르지만, 내적 시간 의식은 원인을 찾는다. 이 원인을 찾는 과정에서 주체가 관여한다. 객관적 시간에서 원인은 그저 앞과 뒤에 따라 발생하지만, 논리적 시간성에서 원인은 사후적으로 구성되며 나중에 발생한 일이 먼저 발생한 일의 원인이 되기도 하고 10년 전 발생한 일이 오늘의 원인이 되기도 한다. 원인은 시간에 의하지 않고 논리에 의하기 때문이다. 나중에 발생한 일이 지금의 원인이 되는 것은 욕망과 관련되어 있다. 의사가 되고자 하는 미래적 사건이 지금 내가 공부하는 원인이 되거나 10년 전 내가 공부한 것이 지금 내가 의사가 된 원인이 된다. 미래가 현재로 침입하고 과거가 현재에 침입하는 현장이다. 시간성에 원인이 관여한다는 것은 시간성에 주체가 관여하는 것과 같다. 그렇다면 현재 내 주체성은 어디에 기대어 있는가? 미래적 원인은 욕망에 기인하기 때문에 그 욕망의 주인이 누구인가를 분석하는 것은 시간성의 주체가 누구인가를 밝히는 중요한 요소가 된다. 현재 시간성의 원인이 과거에 있든지 미래에 있든지 원인의 주체화가 일어나야 주체는 모든 시간성에서 온전한 주체가 될 수 있다. 그래서 시간성은 주체성과 연관되며 욕망의 주인을 찾기 위한 여정으로서 타자성과도 연관된다.

　시간 개념은 사실상 존재하지 않는 것을 상징적으로 구성한 것이기 때문에 상징계를 가장 잘 드러내는 상징 중의 하나다. 논리적 시간성은 보는 순간, 이해하는 시간, 결론을 내리는 순간의 논리적 구조를 갖는다. 이 논리적 구조의 중심을 이루는 조건은 시간이 상호 주체적이라는 것이다. 그래서 논리적 시간성에 있어서 라캉은 통시적 개념보다 공시적 개념에 의미를 둔다. 보는 순간은 타자가 있어야 가능한 순간이다. 대상이 없으면 존재하지 않는 구조다. 통시적이기보다 공시적이다. 이해하는 시간은 각자가 다른 시간으로 살아가고 있음을 시사한다. 혹자에게는 순간이 누군가에게는 영원한 시간이 되기도 한다. 결론을 내리는 순간은 이해하는 시간을 통해서 나타난다. 이해하는 시간이 다르기 때문에 결론을 내리는 순간도 다르다. 그렇기 때문에 논리적 시간성은 상호 주체적이다. 결론을 내리는 시점에서 주체적 확실성을 포착하지만, 타자의 시간을 통해 의심의 여지가 생긴다. 이러한 상호 주체적 시간성은 사후 작용을 불러온다. 사건은 논리적 시간성을 통해 사후에 다시 결론을 내리게 된다. 그런 의미에서 라캉은 논리적 시간성을 과거에 대한 현재의 통합이라고 정의한다. 라캉에게 역사는 현재에 상기되는 한에 있어서 과거다. 상기되지 않는 것은 과거가 아니다. 그런 의미에서 현재가 과거를 해석하고 과거는 현재에 침입한다. 현재에 침입하는 것은 과거만이 아니다. 미래 또한 현재에 침입한다. 현재의 주체는 미래를 예기하고 현재를 구성하며 미래는 과거를 해석하는 조건에서 결론의 순간을 맞이한다. 그렇게 과거와 현재, 미래는 '보는 순간'의 타자성과 '이해하는 시간'의 각자성과 '결론을 내리는 순간'의 상호성을 중심으로 논리적 시간성을 갖는다. 라캉은 정신분석을 '과거의 재구성' 혹은 '역사를 다시 쓰는 작업'이라고 말하였는데 논리적 시간성을 구성

하는 것이 정신분석에 있어서 얼마나 중요한지를 의미하는
표현이다.

8장

\스피노자의 코나투스와 라캉의 욕망

스피노자는 신론 혹은 욕망과 감정에 대한 철학으로 유명해졌지만, 그의 철학의 중심에는 '진리의 주체' 개념이 있다. '진리의 주체는 누구인가?' 하는 질문이 스피노자의 철학을 이끌어간다. 인간은 진리를 어떻게 알 수 있을까? 스피노자는 자기 자신만이 진리를 확증할 수 있다고 보았다. 진리를 타자에게 물어보고 답변을 얻는다면 그 답변을 해준 타자의 말이 맞다는 것은 어떻게 확증할 수 있을까? 그것을 확증해줄 또 다른 타자가 있어야 할 텐데 그 '또 다른 타자'의 말이 맞다는 것은 또 어떻게 확증할 수 있을까? 결국 진리를 확증해줄 최종 권위자를 찾아가야 끝나는 답인데 그런 권위자는 존재하지 않는다. 결국 진리를 확증할 사람은 자기 자신이다. 라캉은 스피노자의 진리 개념의 영향을 받아서 진리는 타자의 영향이 없는 자기 자신이라고 보았다. 그래서 타자의 영향, 타자의 상징과 언어를 모두 벗겨내고 남는 것, 실재의 흘러들어옴 속에 진리가 있다고 보았다. 상징계에서는 결핍 혹은 공백으로 여겨지는 그 자리가 진리의 자리요, 주체의 자리라고 보았다. 인간의 무의식은 그 진리의 자리를 중심으로 구성되어 있기 때문에 의식도 그 진리의 자리를 중심으로 재구성해야 한다. 이렇게 진리의 자리를 중심으로 의식을 재구성하는 것이 라캉의 정신분석 과정이다.

스피노자의 진리 개념은 코나투스Conatus 개념으로 발전한다. 코나투스라는 단어는 스피노자 고유의 단어가 아니라 노력 혹은 경향이라는 의미의 라틴어며 스피노자 이전의 철학자들은 자신들의 방식으로 코나투스를 개념화했다. 아리스토텔레스는 정서를 유지하는 힘으로 코나투스를 사용하였고, 아퀴나스는 정서 자체의 개념으로 사용하였다. 스피노자는 홉스와 데카르트의 코나투스 개념에 가장 많은 영향을 받았다. 홉스는 코나투스를 '복원하는 힘'으로 이해했고, 데카르트는 코나투스를 '중심으로 향하거나 중심에서 떨어져 나가는 힘'으로 정의했다. 스피노자는 자기의 진리 개념과 홉스와 데카르트의 코나투스 개념을 융합하여 '자기 보존을 향하는 힘'으로 정의했다. 그리고 종종 욕구appetitus라는 말을 함께 사용하면서 자기 보존 욕구라는 표현을 썼다. 데카르트의 코나투스와 스피노자의 코나투스의 가장 큰 차이는 '중심에 누가 있는가?'다. 데카르트는 절대적 존재로서의 인격적 신을 중심으로 보았고, 스피노자는 자기 자신으로 보았다. 데카르트는 정신과 육체를 분리하고 정신을 중심으로 보았고, 스피노자는 정신과 육체를 하나로 보고 자기 자체가 중심인 것으로 여겼다. 데카르트는 육체와 상관없이 정신 자체로서 사유가 가능하다고 본 반면, 스피노자는 정신의 사유는 육체의 영향을 받고 육체 또한 정신의 영향을 받는다고 보았다. 특히 신체가 정신에 끼치는 영향에 대해서 깊이 서술하였다. 이는 신체가 더 중요하다고 생각해서가 아니라 정신을 더 중요하게 여기는 당대의 학문적 흐름을 설득하기 위한 것으로 보인다. 이를테면 '육체가 잠들어 있을 때 정신은 사유할 수 있는가?' 하는 질문을 통해 육체가 정신에 끼치는 영향이 적지 않음을 피력했다. 여러 논증을 통해 스피노자는 서로 긴밀한 영향을 받는 정신과 육체를 분리하면 정신에 대한 명료성도, 육체에 대한 명료성도 떨어진다고 주장했다.

이러한 스피노자의 생각은 자기 보존 개념을 욕구와 욕망에 연결했다. 당대의 철학에서 욕구와 욕망은 신체에 속한 것으로 억제와 억압의 대상이었다. 정신을 고등한 것으로 신체를 열등한 것으로 여겼기 때문이다. 그러나 스피노자는 심신일원론을 주장하면서 욕구와 욕망을 발현하는 신체가 정신에 끼치는 영향의 중요성을 피력했다. 욕구는 신체적 입장에서의 코나투스 발현이라고 보았다. 욕구가 기본적으로는 신체적 입장에서의 코나투스 발현이지만, 정신과도 무관하지 않다. 신체적 입장에서 욕구를 과도하게 충족하면 정신 보존에 영향을 주게 된다. 그래서 욕구는 정신과 신체 사이에서 자기를 보존하기 위해 균형을 유지한다.

그런 의미에서 욕구는 신체를 보존하기 위한 코나투스의 발현이지만, 동시에 정신을 보존하기도 한다. 이러한 코나투스적 활동은 의도적이지 않다. 스피노자가 정신과 신체의 균형 관계를 정신분석적으로 설명하는 것은 아니지만, 정신과 신체 사이의 코나투스적 조율은 정신분석의 무의식 개념이나 현실 원칙 개념에 영향을 미쳤다.

스피노자는 코나투스적 욕구가 억압되거나 충족되는 과정을 통해 충동과 욕망과 정서가 발생한다고 보았다. 욕망과 정서는 자기 보존을 위해 발생하기 때문에 각각의 사람들의 욕망과 정서는 개별적이다. 스피노자도 공동개념이론을 기술하였기 때문에 타자와의 관계에서 나타나는 공통 요소들을 간과할 리가 없지만, 이성과 달리 욕망과 정서는 개별적으로 나타난다고 보았다. 정서가 개별적으로 나타나기 때문에 정서의 정상과 비정상의 구분은 없다. 스피노자가 욕구와 욕망과 정동의 관계를 명료하게 기술한 것이 아니라서 해석의 여지가 있고 학자들마다 조금씩의 견해 차이가 있다. 라캉이 해석한 스피노자를 중심으로 보자면 자기를 보존하고자 하는 코나투스적 노력이 욕망으로 나타난다. 욕망은 욕구 충족의 결핍으로 나타나는데 정신적으로만 관계되면 의지가 되고 신체와 정신에 동시에 관계될 때는 충동이 되며 충동을 의식적으로 유지하고자 하면 욕망이 된다. 그만큼 욕망은 의지나 충동을 포괄할 수 있는 단어다. 스피노자는 인간은 자기를 보존하기 위해 욕망하기 시작하지만, 결국 욕망을 위해 자기를 보존하는 삶을 살아간다고 했다. 이렇듯 욕망은 주체적으로 시작하지만 욕망이 주체가 되는 현상을 초래한다. 이러한 스피노자의 관점은 라캉에게 거의 그대로 나타난다. 그러나 라캉의 욕망에 대한 개념과 달리, 스피노자는 욕망을 정서의 일종으로 생각하였다. 욕망으로 나타나는 코나투스는 정신과 신체의 능력을 향상하며 삶을 촉진한다. 그런 의미에서 욕망은 인간의 본질 자체로 나타나기도 한다. 욕망과 더불어 기본 정서로 여겨지는 것이 기쁨과 슬픔이다. 기쁨과 슬픔은 각각 욕망과 융합하여 정신과 신체에 작용한다. 욕망과 기쁨과 슬픔은 자기를 보존하기 위해 작동하지만, 의지적으로 선택할 수 있는 것은 아니다. '욕망하지 않아야지' 하고 생각한다고 해서 욕망하지 않을 수는 없다. '슬프지 말아야지' 하고 결정한다고 해서 슬프지 않을 수 없다. 그런 의미에서 욕망은 의지보다 충동에 가깝다. 정신에만 작용하기보다 정신과 신체에 함께 작용한다는 의미다.

욕구도 욕망도 결국 자기 보존을 위해 사용되는 것인데 자기 보존의 목적이자 결과는 자유다. 자유는 통제로부터의 자유가 아니라 선택의 자유다. 욕망은 의지적이지 않고 충동적이고 본능적이라고 했는데 어떻게 욕망을 선택할 수 있는가? 스피노자는 원인을 발견하면 자유할 수 있다고 보았다. 그렇기 때문에 진정한 자유를 누리기 위해서는 욕망의 원인을 분석해야 한다. 그런 의미에서 자유를 가져다 주는 것은 신체이기보다 이성이다. 이성적이어야 자유로운 인간이 될 수 있다. 이 이성은 신체를 억압하는 이성이 아니라 신체와 정신을 하나로 보고 신체와 정신을 모두 고려한 코나투스적 이성이다.

"한 사람의 정서는 다른 사람의 정서와 일치하지 않는다." 라캉은 자신의 박사 논문 서론에서 스피노자의 『에티카』 중 일부를 인용하여 설명한다. 그만큼 라캉에게 스피노자는 지대한 영향을 미친 인물이었다. 특히 라캉이 이 문장을 인용한 이유는 그만큼 라캉이 보편성보다 개별성에 관심이 많았다는 의미다. 프로이드는 아리스토텔레스의 정서 개념을 중심으로 정서의 보편성을 주장한 반면, 라캉은 스피노자의 정서 개념을 중심으로 정서의 개별성을 주장하였다. 그렇기 때문에 라캉에게 정서에 따른 장애란 존재하지 않는다. 정서적 고통을 호소한다면 문제는 정서에 있는 것이 아니라 그 정서를 과도하게 만든 다른 곳에 있다. 그러나 정서와 욕망을 동일한 것으로 본 스피노자와 달리, 라캉은 정서와 욕망을 분리한다. 정서는 문제의 중심이 아니고 정서를 만든 문제를 찾아야 하는 것이지만, 욕망은 욕망 자체에 문제가 있을 수 있다고 보았다.

스피노자가 욕망을 욕구와 연결했듯이 라캉의 욕망을 이해하기 위해서는 욕구와의 관계를 이해해야 한다. 스피노자가 욕구를 신체적인 것으로 분류한 것처럼 라캉도 욕구를 지극히 생물학적인 것으로 분류한다. 배고픔을 채우고,

소리를 듣고, 만지고, 맛을 보고, 엄마를 보고, 배변을 하고, 잠을 자고, 성욕을 만족하는 등의 생물학적 개념이다. 스피노자는 욕구의 불만족이 욕망으로 나타난다고 보았다. 라캉도 기본적인 흐름은 스피노자의 욕망이론과 같다. 그러나 라캉은 욕구와 욕망 사이에 요구라는 개념을 추가했다. 상징계에서 욕구가 불만족한 이유는 요구가 상징화되었기 때문이다. 상상계에서 아기는 울기만 하면 엄마가 아기의 울음에 반응하여 아기의 욕구를 충족시킨다. 울음에 대한 응답은 아기에게 있어서는 욕구 충족 이상의 의미가 있다. 아기의 욕구 충족은 첫 번째 대타자인 엄마의 반응을 통해서 채워진다. 그래서 아기의 욕구의 충족에는 대타자인 엄마의 관심과 사랑을 동반한다. 아기에게 있어서 욕구 충족은 단순한 욕구 충족의 차원을 넘어서 사랑의 증명이 되고 이후 아기의 입장에서는 울음이 욕구충족에 대한 요구를 넘어 사랑의 요구가 되기도 한다. 그러나 말을 시작하면서 울음이 언어화되고, 욕구는 언어로 요구된 만큼만 충족된다. 울음이 언어적 요구로 전환되어야 하는 시점부터는 심지어 욕구에 대하여 요구도 하지 못할 때가 많다. 그러면서 주체에 대한 엄마의 사랑도 한없이 작아진다. 언어적 요구는 욕구에 비하여 한없이 작다. 그래서 요구에 반응이 없었던 욕구는 사랑의 결핍을 낳고 이렇게 좌절된 욕구는 욕망을 만들어낸다. 이렇게 요구되지 못한 욕구는 욕망이 된다는 공식을 구성한다. 사랑의 결핍이 있었던 욕구는 욕구가 충족된 후에도 욕망이 되는데 라캉은 욕구를 자기 스스로 충족할 수 있는 성년기가 되어서도 욕구의 불만족은 사랑의 결핍으로 인지된다고 보았다. 그래서 자기 스스로 충족하지 못한 욕구도 요구되지 못한 욕구와 동일하게 욕망으로 전환된다. 요구의 문제는 아기의 요구의 문제로 한정되지 않는다. 요구는 아기 쪽에서만 나타나지 않고 부모 쪽에서도 나타난다. 부모는 아기에게 스스로 배변할 수 있도록 요구하고, 잠들기를 요구하며, 젖을 끊고 이유식을 하도록 요구한다. 아기는 자기 욕구를 충족하기 위해 요구하는 것만이 아니라 부모가 아기에게 욕구를 충족하라고 요구하는 것을 받아들여 욕구를 충족해야 하는 부담도 안게 된다. 이 또한 아기로 하여금 타자를 만족하고자 하는 욕망을 구성한다. 이렇듯 타자와 관련하여 욕구가 좌절되고 타자와 관련되어 욕망이 형성된다.

양육자가 아기의 욕구를 좌절시키는 이유는 상징계가 그것을 질서로 정했기 때문이다. 욕구의 좌절은 레비스트로스의 금기와 라캉의 환유 개념과 관련이 있다. 다른 아이들과 비슷한 시기에 걸어야 하고 다른 아이들과 비슷한 시기에 말을 해야 한다. 성장의 보편 속도에 반응하여 양육자는 아이의 욕구를 조절한다. 욕구의 좌절뿐 아니라 욕망의 형성도 상징계적 보편성에 의해서 형성된다. 그래서 대체로 욕망은 대타자의 욕망이다. 라캉은 욕망이 형성되는 과정을 그래프로 그렸다. 4개의 그래프로 욕망이 구성되는

과정을 설명했다. 여기서는 욕망이 구성되는 원리를 설명
한 기본 그래프만을 소개한다.

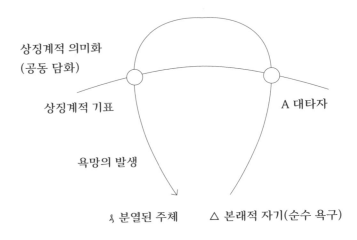

상징계적 의미화
(공동 담화)

상징계적 기표

A 대타자

욕망의 발생

ς 분열된 주체　△ 본래적 자기(순수 욕구)

　말발굽 모양의 곡선은 주체의 심리적 이동 경로이자 담화
구성의 과정이다. 가로선은 타자와의 소통을 위한 공동 담
화와 상징계적 의미화를 나타낸다. 순수 욕구를 갖고 있던
본래적 자기는 양육자의 안내로 상징계에 진입하며 욕구
가 억압되거나 금지된다. 욕구를 억압하고 금지하는 외부
는 "엄마-아버지-타자의 시선과 사회적 질서"로 이어지는
대타자며 대타자를 통해 상징계로 진입한 주체는 욕구를
억압하며 타자들과 공동 담화를 구성하고 상징계적 욕망
을 발생시킨다.
　욕망이 공동 담화를 통해 구성되기 때문에 라캉은 욕망

이 개인적이지 않고 사회적이라고 보았다. 대타자의 욕망이라는 말의 의미는 두 가지 방향성을 갖는다. 먼저 대타자가 욕망하도록 상징계에 구성해놓은 욕망을 욕망하는 것이다. 사회는 욕망의 충돌로 불화와 분쟁이 이어지며 상징계적 대타자는 주체들로 하여금 하나의 욕망을 향해 함께 달려가도록 요청한다. 모두가 부자가 되는 욕망을 갖는다면 대타자는 상징계의 주체들을 통제하기가 쉬워지고 부자가 되기 위한 프로세스를 제공하는 것으로 대타자의 역할을 다할 수 있다. 그래서 주체들은 대타자가 구성한 욕망을 욕망한다. 주체는 '대타자의 욕망을 욕망함으로써 대타자의 인정을 받는 이득을 취한다.' 결국 대타자가 구성한 욕망을 욕망하는 것은 욕망의 대상 자체보다 대타자의 인정을 획득하는 것이 더 중요해진다. 어떤 경우는 '대타자의 욕망의 대상이 되고자 하는 욕망을 갖기도 한다.' 대타자가 주체 자신을 욕망하는 것을 욕망함으로써 대타자의 대타자가 되기를 원하는 욕망을 갖는다. 라캉은 '전자'를 강박의 방향성으로 '후자'를 히스테리의 방향성으로 해석하였다. 강박적이든 히스테리적이든 상징계적 기표에 의해 대타자의 욕망을 발생시킨 주체는 더는 본래적 자기가 아니라 분열된 주체다.

이렇게 구성된 욕망은 주체의 정동과 사유의 중심이 된다. 라캉은 욕망을 코나투스의 중심 개념으로 보는 스피노자의 이론에 동의하지만, 스피노자는 욕망이 의식적 작용이라고 본 반면, 라캉은 무의식적 작용이라고 보았다. 라캉이 의식적인 욕망이 없다고 생각한 것이 아니라 의식적인 욕망은 정신분석의 대상이 아니라고 본 것이다. 의식적인 욕망은 이미 통제 가능한 대상이기 때문에 정신분석에서 필요한 욕망은 무의식적 욕망이거나 혹은 원인을 알지 못하는 욕망이다. 라캉은 욕망이 무의식적이거나 원인을 알지 못하는 이유는 욕망에 금기된 동력이 있기 때문이라고 보았다. 그래서 라캉은 욕망을 의식화하고 원인을 발견하는 것뿐 아니라 욕망에 이름을 붙이고 타자들 앞에서 욕망을 드러내는 것이 필요하다고 보았다. 이것이 욕망을 실존하게 만드는 과정이다. 욕망이 실존하지 않고 숨겨지면 주체는 자기 존재의 일부를 숨기는 것과 같다. 그러나 주체가 욕망의 어디까지 이름 짓고 타자에게 드러낼 수 있을지에 대한 고민이 남는다. 욕망의 실현 가능성과 은밀함의 문제로 숨겨야만 하는 경우가 있기 때문이다. 혹은 타자에게 자기의 욕망을 발화한다고 해도 상징을 통해 발화해야 하기 때문에 발화되지 못한 욕망의 잉여가 발생한다. 요구되지 못한 욕구의 잉여나 결핍이 욕망이 된 것과 같은 원리로 드러내지 못한 욕망의 결핍이 다시 욕망을 구성하는 결과를 초래한다. 때문에 욕망은 완전히 충족되지 않고 연쇄된다. 그래서 라캉은 욕망이 환유적이라고 했다. 이러한 욕망의 연쇄 작용을 통해 대타자의 욕망이 더는 연쇄될 수 없는 지점, 환유가 끝나는 지점에 도달한다.

이때 주체는 대타자의 욕망에서 벗어나 실재를 대면한다. 이 실재를 통해 대면하는 자기는 이질적이다. 상징계에 잡힌 적이 없는 자기를 만나기 때문이다. 그 자리에는 존재의 결핍을 메우고 성관계의 부재를 메웠던 누군가 혹은 무언가가 있었다. 욕망이 지나가고 나면 그 자리가 공백으로 남는다. 그 자리가 대상a다. 그동안 대상a의 자리를 차지했던 타자 혹은 대타자의 욕망이 더는 연쇄되지 않을 때 그 공백의 자리에 대상a가 보인다. 주체는 이 대상a에 대한 분석 혹은 이 대상a와의 관계를 통해서 자기 존재에 직면하고 실재를 만난다. 욕망의 연쇄 끝에 만난 대상a는 상징계에서 유일하게 만날 수 있는 실재다. 대상a는 실재계에서 흘러들어와 상징계에 공백을 만들었다. 실재계로 흘러들어가는 유일한 통로인 대상a를 대타자의 욕망이 막아서고 있었다. 욕망이 고갈되어야 비로소 대상a를 직면하고 실재계를 만날 수 있다. 라캉은 분석 상황에서 분석가가 이 대상a의 자리를 차지해야 한다고 주장한다. 분석가가 대상a의 자리에 차지한 후에야 분석가는 그동안 연쇄된 욕망의 원인을 찾는다. 욕망의 근원지가 되었던, 근본 환상을 만나는 작업을 통해 대상a를 대체하던 욕망의 환상을 가로지른다. 이렇게 욕망을 가로지른 자리에서 드러나는 쾌락이 주이상스다. 이렇게 환상을 가로지르는 작업을 통해 욕망의 주체에서 주이상스의 주체로 전환한다.

불안은 심리학과 정신분석뿐 아니라 인문학에서도 가장 많이 다뤄지는 주제 중 하나다. 철학자도, 문학가도, 화가도, 음악가도 불안을 한 번쯤은 다루거나 다루고 싶어 한다. 불안은 정신분석에 있어서도 모든 신경증과 연결고리를 갖고 있는 중요한 정동이다. 불안은 애착을 흔들거나 애정을 더 견고하게 만들기도 하고, 안정을 시키거나 안정하지 못하게 하기도 하며, 더욱 집중하게 하거나 모든 걸 포기하게 만들기도 한다. 불안은 강박을 만들기고 하고 우울하게도 하며, 히스테리를 불러오기도 하고 편집증을 구성하게도 한다. 가끔은 도착으로 혹은 공포와 두려움으로 변하기도 한다. 하이데거와 라캉은 불안을 그저 감정의 일종으로 보지 않고 존재와 깊은 관련이 있는 것으로 이해한다. 하이데거의 불안을 이해하기 위해서는 본래성과 비본래성, 세계-내-존재 개념을 먼저 이해해야 하고, 라캉의 불안을 이해하기 위해서는 상징과 실재 개념과 더불어 당황과 동요, 금기와 방해에 대해서 먼저 이해해야 한다.

하이데거에게 인간은 세계에 내던져진 존재다. 타자들이

구성해놓은 세계에 내던져졌기 때문에 타자들과 함께 살아가는 공동존재일 수밖에 없다. 공동존재기 때문에 타자와의 상호성을 위해 '가장 자기적인 가능성'은 은폐된다. 이렇게 은폐되는 가장 자기적인 가능성을 본래성이라고 한다. 그리고 인간은 공동존재로서 본래적 자기를 은폐하고 비본래적 자기로 살아간다. 세계-내-존재기 때문에 비본래적 자기로 살아가는 인간은 본래적 자기로 돌아가려는 운동성과 비본래적 자기로 살아가야 하는 운동성 사이에서 상호적으로 변양變樣된다. 비본래성은 본래성을 근거로 하며 본래성은 비본래성을 통해서만 나타난다. 즉 본래성과 비본래성은 상호적으로 함께 있어야 하는데 둘 중 하나가 없어지면 '불안'이 발생한다.

공동존재로 살아가는 인간은 비본래성이 주는 안정감에 매료된다. 비본래적 자기가 일상의 자기이기 때문에 본래적 자기를 버리고 비본래적 자기로 살아가고 싶은 유혹에 빠진다. 본래적 자기가 강렬하게 드러나면 타자들의 낯선 시선을 받기 때문에 비본래적 자기로 살아가는 것이 위안적이다. 그래서 본래적 자기를 버리면 자기가 갖고 있는 각자성과 고유한 가능성은 사라지고 자기 존재는 세계로부터 소외된다. 타자들과의 공동성으로서의 비본래적 자기만 남고 본래적 자기는 사라져서 소외된 본래적 자기를 찾아 불안해진다. 반대로 본래적 자기를 드러내기 위해 공동존재로서 일상성을 유지하게 했던 비본래적 자기를 버리면 본래적 자기는 세계 내에서 아무것도 아닌 존재, 즉 무無의 존재가 된다. 이때에도 불안이 나타난다. 불안은 인간을 고통스럽게 하지만, 본래적 자기의 상실과 비본래적 자기의 상실을 감지하고 본래성과 비본래성을 상호적으로 유지하게 만드는 힘이다. 불안이 없으면 인간은 본래성을 상실하거나 비본래성을 상실하여 소외로 빠져들 수밖에 없다.

라캉의 욕망이론과 실재계, 상징계, 상상계의 연결고리가 불안을 주제로 진행한 세미나 10에서 소개된다. 불안은 라캉이 세미나의 주제로 선택한 유일한 정서다. 그만큼 불안이 라캉의 이론에서 중요한 위치를 차지하고 있다고 볼 수 있다. 라캉이 이처럼 불안을 중요하게 다룬 이유는 불안이 모든 신경증적 구조에 존재한다고 보았기 때문이다. 라캉의 불안 개념은 하이데거의 불안 개념에서 상당한 영향을 받았다. 초기 라캉은 프로이드의 영향으로 조각난 몸의 상상과 거세 불안을 중심으로 불안을 정의했지만, 욕망이론을 정리한 세미나 6 이후로 상징화 과정에서 나타나는 불안을 말하기 시작하였다. 그러다가 세미나 10에 이르러서 하이데거가 본래적 자기와 비본래적 자기 사이에 불안을 놓은 것처럼 라캉은 상상계와 상징계 사이, 상징계와 실재계 사이에 불안을 놓았다. 상상계와 실재계는 일상성 안에서 발견되기 어렵다. 일상성은 상징계를 통해 유지된다. 하이데거의 비본래적 자기가 타자들과 함께 살아가는 자기인 것처럼 라캉의 상징계는 타자들이 구성한 세계에 대한 자기 인식이다. 실재계는 상징계의 밖에 있는 요소기 때문에 상징계가 균열을 만들 때만 상징계로 흘러들어올 수 있다. 실재계가 상징계 안으로 흘러들어오면 불안이 발생한다. 낯선 것이 들어왔기 때문이다. 실재는 본래적 자기인데도 일상성에서 상징계로 살아가기 때문에 실재계는 낯설다. 인간은 누구나 비본래적 자기보다 본래적 자기가 더 낯설다. 실재계가 상징계 안으로 흘러들어왔을 때 상징계는 그 실재를 포획하기 위해 모든 상징을 동원한다. 상징계로 흘러들어온 실재가 상징화되면 불안은 다시 잠든다. 실재계의 본래적인 것이 상징계로 흘러들어왔을 때, 그 실재를 해명하기 위해 동원된 모든 언어가 소진되고 모든 범주가 실패한 순간에 불안이 상징계를 흔든다. 실재가 상징계로 흘러들어와 상징계를 흔들면 당황과 동요가 일어나고, 이 당황과 동요는 죄책감으로 이어진다. 상징계는 상징 체계를 유지하기 위해 금기를 사용한다. 아버지를 남편이라고 부르는 것은 금기고, 빨간 불에서 횡단보도를 건너는 것은 금기다. 그래서 상징 체계를 깨려고 하는 실재가 흘러들어오면 상징계가 이 상징 체계를 유지하기 위해 실재를 방해한다. 실재가 이 방해를 넘어 금기를 깨면 당황과 동요가 일어난다. 이때 발생하는 것이 불안이다. 이 금기를 넘지 않기 위해 집착적으로 상징 체계를 지키려고 시도하는 것이 강박이다. 그래서 강박은 불안으로 가지 않기 위해 발휘되는 상징계의 힘이다. 선을 집요하게 지키거나 가스 불을 재

확인하고 정리 정돈을 끊임없이 하며 같은 말(상징)을 반복한다. 모두 정해진 것들, 상징들의 집착적인 유지다. 이것을 하지 않으면 상징계가 깨질까 봐 '불안하다'. 그래서 강박의 이면에는 불안이 있다. 혹은 이 상징을 깨고 상징계 안으로 흘러 들어오고 싶어하는 실재가 있다. 그렇다면 이 실재가 상징계 안으로 흘러들어오는 것을 금기해야 할까? 그 대답은 이미 하이데거가 갖고 있다. 하이데거의 불안은 본래성과 비본래성의 상호성을 유지하는 역할을 한다. 라캉도 비슷한 개념에서 불안의 유용성을 전개한다. 상징계는 언제나 불완전하기 때문에 결여가 발생하고 결여 안으로 실재가 흘러들어올 수밖에 없다. 만약에 실재가 상징계로 흘러들어올 수 없다면 상징계의 균열을 감지할 수 없다. 실재가 상징계로 흘러들어올 수 없다면 상징계에 균열이 생겼을 때, 그 균열은 커져서 상징계가 붕괴되고 만다. 상징계를 완전하게 만들려는 강박적인 반응들은 오히려 상징계의 균열을 감지한 불안의 반작용이다. 즉 불안은 상징계가 실재를 철저하게 몰아내기 위해 일체의 실재도 허용하지 않을 때도 작동하고 실재가 상징계 안으로 과도하게 들어올 때도 작동한다. 불안은 이렇듯 과도와 결핍에 반응해서 발생한다. 그래서 라캉은 '속지 않는 자가 흔들린다'고 했다. 불안은 오히려 존재가 파괴되지 않게 유지하도록 돕는다. 이렇듯 불안은 상징계와 실재계를 오가기 때문에 머물러 있는 감정이 아니라 움직이는 정동이다. 불안은 양

쪽을 오가기 때문에 대상이 없다. 라캉은 "불안에는 대상이 없는 것이 아니다."라고 말한 바 있다. 이는 프로이드가 "불안에는 대상이 없다."고 말한 것을 반박한 문장이다. 프로이드는 애착의 대상이든 두려움의 대상이든 대상을 상실한 데서 불안이 발생한다고 보았다. 그렇기 때문에 프로이드의 개념에서 불안은 대상이 없다. 그렇다고 라캉이 정말로 불안에 분명한 대상이 있다고 말한 것은 아니다. 라캉은 불안의 대상이 공백이라는 말을 하고자 했다. 불안의 대상이 없다는 것은 공백이 불안의 대상이라는 의미다. 대상이 전혀 존재하지 않는 것이 아니라 불안의 대상이 공백이 되었고 그 공백을 찾아서 상징계와 실재계를 오간다. 그래서 대상이 없지만, 있다. 이런 애매한 상황에 대해서 라캉은 "불안의 대상이 없는 것이 아니다."라고 표현했다. 두려움과 공포는 뚜렷한 대상이 있지만, 불안은 대상이 없이 상징계와 실재계 사이에서 움직인다. 불안이 갖는 긍정적 효과가 있다면 불안하다는 것은 좋은 것일까? 꼭 그렇지만은 않다. 불안이 상징계의 결핍과 과도를 감지하는 역할을 한다는 것이지 불안한 정동 자체가 마냥 좋은 것은 아니다. 불안하다는 것은 과도하거나 결핍이 있다는 것을 알리는 것이고 어서 대처해야 한다는 의미다. 그 불안이 역할이 있다고 해서 불안을 유지해야 한다는 의미가 아니다.

라캉은 불안을 욕망과 연결해 설명하기도 한다. 상징계의 존재는 비본래적 자기로 살아간다. 그렇기 때문에 결여가 발생할 수밖에 없다. 상징계의 결여는 본래적 자기가 없어서 생긴 것이기 때문에 오직 본래적 자기로만 채울 수 있는데 본래적 자기는 실재계에 속해 있다. 그래서 상징계에 있는 비본래적 자기는 결여를 채우기 위해 무엇인가를 욕망한다. 이렇게 상징계의 결여는 욕망을 만든다. 욕망은 근본적으로 본래적 자기가 있는 실재계를 향하고 있지만, 욕망을 실현해 나가는 것은 상징계의 상징을 통해서다. 그래서 욕망은 절대 채워지지 않는다. 고등학생은 대학을 가면 본래적 자기를 찾을 수 있다고 생각하지만, 대학에는 본래적 자기가 없다. 대학생은 취업이 본래적 자기를 찾게 해준다고 생각하지만, 직장에도 본래적 자기가 없다. 직장인은 승진이나 창업이 본래적 자기를 찾을 수 있게 해준다고 생각하지만, 승진도 창업도 본래적 자기를 찾아주지 않는다. 이렇게 끝없이 욕망하면서 본래적 자기를 찾지만, 본래적 자기는 상징계에 존재하지 않는다. 결국 본래적 자기를 찾아가는 상징계적 욕망의 실현 가운데도 불안은 늘 존재하고 욕망의 끝에 도달해도 불안은 발생한다.

프로이트가 불안의 원인을 어머니와 분리되었기 때문이라고 본 반면, 라캉은 분리에 실패했기 때문이라고 보았다. 어머니와의 분리에 실패한 결과로 어머니의 욕망이 잔재로 남아 주체의 욕망이 된다. 그리고 어머니 대신 욕망이 주체의 불안을 치료하는 약이 된다. 어머니의 욕망을 욕망하는 것이 어머니의 상실로 발생하는 불안 자체보다 견디기 쉽기 때문이다. 주체에게 전이된 어머니의 욕망은 결국 그 사회를 구성하는 욕망의 일부기 때문에 어머니의 욕망을 욕망하는 주체는 사회적 욕망을 추구하며 어머니의 빈자리를 대체한다. 사회적 욕망을 성취하면 어머니의 상실을 채울 수 있다고 생각하지만, 욕망의 성취 후에도 결핍은 여전히 남는다. 그 결핍은 결국 불안을 만들어내고 주체는 불안을 해소하기 위해 새로운 욕망을 찾아가며 욕망을 연쇄하는 삶을 살아간다. 주체의 삶은 이렇듯 불안을 중심으로 충족과 결핍을 반복하면서 욕망을 연쇄한다. 이러한 불안의 원리를 설명하기 위해 라캉은 두 불안 도식을 소개한다. 첫 번째 도식은 프로이드의 논문 「억압, 징후, 그리고 불안」을 확장한 불안의 개념을 중심으로, 두 번째 도식은 자신의 욕망이론과 상상계, 상징계, 실재계의 이론을 중심으로 구성하였다. 첫 번째 불안 도식은 다음과 같다.

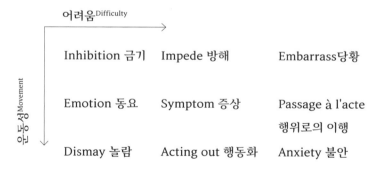

이 도식에서 수평축은 어려움이 발전하는 방향성을 나타내고, 수직축은 움직임의 방향성을 나타낸다. 수직축의 첫 움직임을 먼저 보자면 금기 후에 동요가 일어난다. 금기 후에 발생하는 역동은 문화에서나 인간의 심리에서나 마찬가지로 동요를 동반한다. 일반적으로 감정이라고 표현되는 것들은 감정 자체이기보다 동요일 가능성이 높다. 그리고 그 동요는 감정을 넘어 정동으로 가는 원인이 된다. 그리고 금기로 생긴 동요는 정동으로서의 놀람을 만든다. 라캉은 놀람을 가장 강도 깊은 자기 상실의 상태라고 정의했다. 그러나 놀람과 불안은 다르다. 놀람과 불안을 구분하기에 앞서 먼저 첫 수평축을 보자면 금기보다 방해가 어렵고 방해보다 당황이 어렵다. 금기는 이미 권위를 가진 자가 행하는 것이라면, 방해는 동등한 권위에서 행하는 것이기 때문에 금기보다 방해가 어렵다. 금기가 선제적이고 주체에 대한 목적성이 없다면, 방해는 의도적이고 주체에 대한 목적성이 있다. 방해보다도 더 어려운 것이 당황인데 여기서 당황은 순간적으로 어쩔 줄 몰라 하는 감정적 표현이 아니고, 머무를 수 없는 정체성이라는 의미의 존재적 표현이다. 라캉은 당황하는 주체를 '다다를 수 있는 고난의 극치를 경험하는 분열된 주체'라고 불렀다. 예고되지 않고 적응할 수 없다는 의미에서 당황이 금기나 방해보다 어려움이 더 크다. 수직축의 두 번째 움직임을 보면 방해 후에 증상이 나타난다. 동등한 권위의 대상이 의도적으로 방해한다면 증상이 나타나는 것이 자연스럽다. 두 번째 수평축을 보면 동요보다 증상이 어렵다. 동요는 순간적이지만, 증상은 지속적이다. 증상에 있어서 금기는 방해의 관계와 비슷하다. 금기로부터도 증상이 발생하고 방해로부터도 증상이 발생한다. 금기와 방해는 모두 억압과 다름없다. 세 번째 수직축을 보면 존재의 의미로서 당황 후에 불안이 나타나고, 세 번째 수평축을 보면 정동의 의미로서 놀람보다 불안이 더 어렵다. 당황과 놀람은 대상이 분명하지만, 불안은 대상의 주위를 돌 뿐이기 때문이다. 어려움의 수평축과 움직임의 수직축의 관계에서 금기가 증상을, 증상이 불안을 만들고 어려움의 크기도 이와 같은 순서로 커진다.

　불안은 행동화^{acting out} 혹은 '행위로의 이행^{passage to the act}'을 통해 해소되거나 포획되기 때문에 불안의 주변에는 늘 행동화와 '행위로의 이행' 현상이 따른다. 라캉의 행동화 혹은 행위로의 이행에 대한 이론은 자살을 유발할 수 있다는 비판을 받는다. 행동화는 원래 프로이드가 사용하던 용어로 억압되었던 과거의 기억을 행동화함으로 의식화하는 방법이었다. 라캉도 프로이드가 활용하던 행동화를 정신분석 장면에서 사용하기도 했다. 마치 연극 연출가가 무대 위의 배우들에게 희곡의 장면을 시연하게 하듯이 정신분석가가 정신분석 현장을 연출하여 내담자가 과거를 회상하며 대타자에게 반응하는 행동화를 이끌어내는 작업을 '행동화'라고 부르기도 했다. 그러나 라캉의 이론에서 불안과 관련하여 말하는 '행동화'는 상징계에서 대타자에게 자기를 드러내기 위한 행동들을 의미한다. 부모에게 의도적으로 반항적인 행동을 하거나 정신분석 진료를 거부하는 저항 현상 같은 것들을 행동화라고 표현했다. 그것은 불안의 원인인 대타자와 더 나아가 상징계에 던지는 메시지라고 여겼다. 행동화의 원인은 불안보다 행동화가 더 편안하기 때문이다. 라캉은 이러한 방식의 행동화와 행위로의 이행을 구분했다. 행동^{acting out}이 본능적이라면 행위^{act}는 상징적이다. 행동의 특징은 의식적이고 행위의 특징은 무의식적이다. 행동은 상징계에 반응하지만, 상징계를 벗어나지 않는다. 그러나 행위는 무의식적 욕망의 표현으로 상징계와 상관없이 실재계를 지향하며 나타난다. 행동은 일부러 하는 반면, 행위는 실수로 나타난다. 행동은 책임을 물을 수 있지만, 행위는 책임을 물을 수 없다. 행위는 완벽하게 나타나지 않고 늘 부족하게 드러나는데 가장 완벽하게 나타나는 행위는 자살이다. 이것이 라캉이 자살을 부추긴다고 질타를 받게 만든 이론이지만, 라캉은 자살이 상징계에 대한 완전한 거부이며 책임을 물을 수 없는 행위라고 설명한 것이지 자살을 부추긴 것이 아니다. 이론적으로 자살은 행동보다 행위에 속한다는 의미였다. 행위로의 이행이라는 용어는 행위 자체와는 달리, 의도성을 지니고 있어서 정신분석가들에게 행동화와 동의어로 이해됐는데 라캉은 행동화와 행위로의 이행을 분명히 구분했다. 행동화도 행위로의 이행도 불안에 저항하는 수단이라는 공통점이 있지만, 라캉은 이 둘의 차이점에 더 주목한다. 행동화는 상징계에 머물지만, 행위로의 이행은 실재계로 탈주하는 과정이다. 행위로의 이행은 정동의 해체과정이다. 상징계를 해체하고 실재계의 단서를 중심으로 정신을 다시 조립하는 과정이다. 상징계를 해체하면 주체는 타자에 의해 분열된 주체가 아니라 각자성을 지닌 독립자로 선다. 큰사물에 대해 직면하며 존재를 지향한다. 여기에서 아무것도 세울 수 없다면 자살기도로 이어질 수도 있고 본래적 자기로서의 조립이 가능해지면 주체적으로 설 수도 있다. 일반적으로는 이렇게 극단적으로 자살기도로 이어지거나 주체적이 되는 과정으로 가지 않고 행동화와 행위로의 이행의 이중고리를 무한하게 반복한다. 행동화에서 행위로의 이행으로, 다시 행동화로, 또다시 행위로의 이행으로 반복된다. 이러한 반복의 과정에서 불안을 다루기도 하고, 불안의 정동을 통해 다시 상징계의 균열을 발견하여 다시 행동화로, 또다시 행위로의 이행으로 반응한다. 이러한 이중고리의 무한 반복의 근원에는 엄마로의 회귀와 부성적 은유의 흔들림이 있다. 엄마의 욕구 충족과 아빠의 부성적 은유 사이에서 무한 반복하던 행위의 구조가 여전히 나타나 있는 현상이다.

첫 번째 불안 도식은 이렇듯 개인의 심리가 불안에 빠지는 과정을 나타낸다. 그러나 라캉의 불안이론의 정수는 개인의 불안이 사회의 상징적 관계망과 깊은 관계가 있다는 것이다. 이는 하이데거가 불안을 설명하기 위해 공동존재 개념을 끌어들인 것과 같다. 불안과 사회의 상징적 관계망과의 관계는 다음의 불안 변증법 도식에 잘 나타나 있다.

	대타자	주체(나)	
상상계	A	S	쾌락(주이상스)
상징계	a	A̸	불안
실재계	S̸		욕망

라캉은 불안을 설명하기 위해 '대타자'와 주체를 분리했다. 대타자는 어머니, 아버지, 사회적 합의, 고정관념, 문명 등 다양한 개념을 담고 있지만, 불안 도식에서는 타자, 객관, 무의식을 의미한다. 대타자와 주체를 가르는 이 수직선은 타자와 내 경계를 가르는 벽으로서 세워졌지만, '언어처럼 구조화된 무의식'인 대타자가 주체로 침투하는 것을 막아내지는 못한다. 이 벽이 무의식의 침투에 저항하지만, 다 막지 못하고 흘러들어와 주체의 쪽에서 왜곡이 생긴다. 주체는 막아냈다고 생각하지만, 흘러 들어와 있기 때문에 무의식적으로 왜곡된 상태다.

수평선은 상상계와 상징계, 실재계를 분리한다. 상상계는 엄마와 아기의 이자 관계로만 구성된 것으로 여겨지는 세계다. 다른 상징들이 개입되지 않고 이자 관계만 있기 때문에 엄마는 아기의 모든 욕구에 집중하여 온전히 만족해줄 수 있어 아기의 쾌락이 향유된다. 즉 상상계는 아기의 욕구와 쾌락이 향유되는 장이며 절대쾌의 세계다. 이 쾌락은 상상계에서는 금기 없이 향유되는 절대쾌지만, 상징계에서는 금기된 쾌락이 된다. 그래서 상상계에서는 단순한 쾌락일 수 있지만, 상징계로 가면 주이상스가 된다. 상상계에서는 욕구의 충만이 있기 때문에 불안이 개입될 여지가 없다. 주체에게 있어 욕구를 충족하는 대타자인 엄마도 충족 받는 주체도 분열되지 않고 완전하다. 때문에 대타자 A도 주체인 S도 분열되지 않고 온전하다.

상징계의 세계는 엄마를 떠나 아빠를 거쳐 타자들을 경험하며 타자와 자기 사이의 상징 체계로 서로의 주체를 이해하는 세계다. 이 세계에서는 주체의 상상적 존재도 실재實在도 허용되지 않고 오직 교류를 통해 나타난 상징들만 허용된다. 상상계의 충만한 것들을 기대하지만, 타자들은 엄마처럼 욕구를 충족해주지 않는다. 타자와의 교류를 통한 사회적 상징화 과정에서 만들어진 법이 욕구를 억압한다. 사회적 상징화를 주체에게 형성해주는 것이 아버지의 법이다. 아버지의 법은 상징계의 도덕법이며 이 상징계의 도덕법이 타자와의 교류를 가능하게 해줌과 동시에 어머니와의 이자 관계에서 발생하는 욕구의 만족을 금지한다. 그러

므로 상징계에서는 상상계적 어머니에 대한 상실이 발생한
다. 상징계에서 어머니를 상실한 것, 즉 욕구의 만족을 상
실한 것에 대한 애도 혹은 분화에 실패하면서 불안이 발생
한다. 상징계에서는 오직 요구되는 것만이 실현 가능성을
갖고, 법과 죄책감으로 요구되지 않는 욕구들과 요구되었
어도 거절된 욕구들은 충족되지 않아 잔여분이 된다. 그렇
게 잔여분은 상징계에 결핍을 만들어낸다. 때문에 상징계
에서 욕구는 잘려지고 경계가 생기며 '거세'된다. 이 욕구
의 거세로 상상계에서의 만족은 사라지고 주체도 사라져
서 오직 타자만이 남아 있다. 이렇게 잘려진 만족의 결핍을
채울 대상이 아갈마, 즉 대상a다. 주체에서는 대타자가 분
열되어 있고 실재계에서 상징계에 흘러들어온 대상a조차
도 대타자에 포획된다. 이러한 욕구의 잘려짐과 거세로 불
안이 생기고, 그 결과로 주체의 자리에 사회적 객관으로서
의 대타자가 오지만, 불안으로 분열된다. 상징계의 결핍과
공백을 채울 대상a는 본래적으로 실재계에서 흘러들어왔
다. 실재계는 타자의 상징화에 규정되지 않은 본연의 것으
로 상징계에서 측정되지 않은 욕구, 요구되지 않은 욕구들
의 물자체다. 그러나 상징계에서의 주체는 상징을 통해서
만 인지하기 때문에 실재계에 대해서 확인 가능한 것은 상
징계에 흘러들어온 실재계의 잔여분인 대상a뿐이며, 실재
의 물자체는 아니다. 이 대상a가 타자들과의 상징 체계로
구성된 상징계에서 대타자에 포획되면서 주체는 이 대상a

를 대타자의 욕망으로 대체하고자 한다. 욕망은 사실상 상징계적 대타자의 욕망이지만, 대상a에 대한 대체로 나타나서 욕망이 지향하는 바는 실재계기 때문에 주체가 포획하기는 불가능하고 미래적이며 방향이 실재계 쪽을 향하여 설정될 뿐이다. 욕망을 포획했다고 생각하면 욕망은 다시 대타자 쪽의 미래에 남고 포획한 것은 단지 상징일 뿐이다. 이렇듯 상징계에서 포획하지 못한 욕구는 상징계에 불안을 남기고, 상징계에서 구성된 욕망은 실재계에 있어서 잡히지 않는다. 즉 상징계의 불안은 욕망을 상징계에서 잡으려고 하지만, 욕망은 실재계와 연결된다. 상징계는 주체에게 상상계에서의 만족을 잊고 법 안에서의 억압에 안정하기를 요구하기 때문에 상징계의 요구와 법에 완전한 일치를 일으킬 수 없는 주체는 불안을 발생시키며 불안의 대상, 즉 욕망을 불러낸다. 그러나 그 욕망은 상징계에서 잡히지 않는다. 실재계는 대면할 수 있는 것이 아니라 향할 뿐이기 때문에 실재계를 향하는 상징계의 불안은 강화된다. 상상계의 욕구의 충족을 상실한 상징계는 그 상실로 불안하여 욕망을 향하지만, 욕망을 성취할 수는 없고 향하기만 한다. 때문에 상징계는 그 불만족으로 또다시 불안에 놓인다. 즉 상징계는 상상계의 상실로 불안하고 포획되지 않는 실재계로 불안하다. 불안을 없애기 위해서 욕망을 구성함으로써 불안의 자리를 임시적으로 대체하지만, 욕망은 만족되지 않기 때문에 불안을 완전히 해소하는 것은 불가능하다. 불안을 해소하는 것은 인생의 여정이며 불안의 제한을 넘어서기를 끊임없이 시도하는 것이 불안을 다루는 방법이다. 불안의 제한을 넘어서는 작업은 욕망에 직면하여 확인하고, 억압되고 요구되지 못한 욕구를 요구하고 충족해 나가는 것이다. 불안은 주체를 흔들리게 하는 정동이며 이 흔들림은 욕망의 진리를 찾아가게 만든다. 불안을 발견하지 못했다면 흔들리지 않았을 것이고 흔들리지 않았다면 욕망의 진리를 찾아가지 못했을 것이다.

상징계적 금기와 법은 상상계적 욕구와 쾌락을 억압하지만 상상계적 욕구와 쾌락의 기억은 사라지지 않고 내재되어 있다. 상징계적 금기와 상상계적 욕구는 서로 충돌을 일으키며 불안을 야기한다. 상징계적 금기가 상상계적 욕구를 만족할 수 없기 때문에 상징계는 언제 균열을 일으켜도 이상하지 않다. 이러한 불만족은 주체에게 두 개의 욕망, 즉 상징계적 욕망과 실재계적 욕망으로 이해된다. 욕망은 사실상 실재계에서 흘러나온 대상a를 해결하기 위해 상징계에서 이해할 수 있도록 상징화한다. 그러나 대상a가 실재계에서 흘러나왔기 때문에 욕망도 상징계에 머무르지 않고 다시 실재계를 향하고 주체는 대상a를 서로 다른 두 개의 욕망으로 이해한다. 상징계적 욕망은 대타자의 욕망이자 아버지의 법이 약속하는 욕망이며 불만족된 욕구에 대한 대체물이다. 때문에 라캉은 상징계에서의 주체는 타자의 욕망을 욕망한다고 말한다. 쾌락의 대리인인 대타자의 욕망은 향유되지 못하고 끝없이 추구해야 하므로 라캉은 이러한 실현되지 않는 상징계적 욕망을 가리켜 '환상'이라고 표현한다. 상징계의 금기가 약속하는 이러한 가짜 욕망, 즉 환상은 상징계의 대타자가 약속하는 욕구 억압의 보상이다. 상징계는 온통 타자와 대타자로 가득하지만, 실재계에서는 대타자의 자리에서 주체는 분열된다. 그리고 주체의 자리는 공백이다. 주체가 분열되지 않고 주체로 나타날 수 있는 것은 실재계에서의 공백으로부터다. 실재계적 주체는 타자에서 시작되지 않고 공백에서 창조된다.

욕망의 결여에도 불안이 있고, 욕망을 다 채워서 더는 욕망할 수 없는 결여의 결여에도 불안이 있다. 욕망의 결여 혹은 결여의 결여를 경험하고 나면 상징계를 통해서 실현해가는 욕망을 신뢰하기 어려워진다. 불안은 주이상스와 상징계적 욕망 사이에서 주체성을 확보하기 위해 움직이는 정동적 목소리다. 주이상스가 과도하거나 욕망이 과도하면 불안이 함께 강화된다. 그러므로 존재를 불안으로부터 구해주는 것은 욕망이나 주이상스가 아니라 자신의 욕망과 주이상스에 주목하고 탐구하여 상징계의 환상을 가로지르고 주이상스를 중심으로 자신이 정동의 주인이 되는 것이다.

기호학은 라캉의 이론 전체에 녹아 있다. 특히 담화이론은 기호학의 개념을 토대로 만들어졌다. 라캉은 소쉬르뿐 아니라 야콥슨과 퍼스의 기호학 이론도 자주 언급했다. 담화이론은 소쉬르의 기호학을 중심으로 구성되어 있다. 소쉬르는 '기호'를 언어의 기본 단위로 보고 기호를 개념적 요소로서의 '기의'와 음운론적 요소로서의 '기표'로 구분하였다. 기표는 글자나 소리 자체다. 아무런 의미가 없다. 이를테면 아프리카 부르족 부족어 'hipbu'는 '사랑'이라는 의미를 담고 있는 기표로서 부르족 사람들에게는 기호다. 그러나 한국인들에게는 아무 의미가 없다. 이것은 한국인들에게는 기호가 될 수 없다. 단지 무언가의 기표일 것이라는 추측만 한다. 그런데 '나무'라는 기표를 언급하면 한국인은 이 기표가 의미하는 것을 이미지로 떠올리며 이 기표 안에 기의를 담아 해석한다. 기의가 담긴 기표로서 한국인에게 '나무'는 기호다. 그러나 한국어를 전혀 모르는 아랍인이나 아프리카인에게 '나무'는 무언가의 기표일뿐 기호로서의 역할은 못한다. 이렇듯 기의와 기표가 함께 담겨 있어야 기호가 된다. 그렇다면 기의와 기표 중에 어떤 것이 우선 될까? 소쉬르는 기의와 기표가 동전의 양면과 같다고 말했다. 그리고 기표가 하부 구조에 기의가 상부 구조에 놓이며 기의와 기표는 상호 작용을 한다. 기의와 기표가 처음에 엮이기는 어렵지만, 일단 엮이면 분리되기 어렵다.

$$\uparrow \quad \frac{기의}{기표} \quad \downarrow$$

　기표와 기의만큼은 아닐지라도 랑그^{langue}와 파롤^{parole}의 구분도 라캉이 많이 인용했던 소쉬르의 이론이다. 파롤이 말 자체를 의미한다면, 랑그는 말의 배경이 된다. 문법도 일종의 랑그가 될 수 있고 그 파롤을 하게 만드는 문화도 일종의 랑그가 될 수 있다. 말은 상황과 배경을 통해 여러 해석을 가능하게 하는데 말의 해석에 영향을 주는 상황과 배경도 일종의 랑그다.

　라캉은 소쉬르의 기호학 개념에 많은 영향을 받지만, 그대로 사용하지 않고 조금씩 변형시키거나 개념만 도입하고 반대의 주장을 펼치기도 한다. 이를테면 소쉬르가 기의를 기표의 상위에 놓은 것과 반대로 라캉은 기표를 기의의 상위에 놓고 대문자로 표시한다. 그리고 소쉬르는 기표와 기의가 상호작용하며 하나의 기호로 엮인다고 보았는데 라캉은 기표와 기의는 분리될 수 있으며 기표를 중심으로 기의의 변화가 가능하다고 보았다.

$$\frac{S(기표)}{s(기의)}$$

　라캉은 무의식이 기표에 담긴다고 보았다. 기의는 생성되는 순간 이미 무의식이 아니고 의식화가 된 것이기 때문이다. 기표는 그대로고 의미는 변하기 때문에 의미는 환유적이고 기표가 주체적이다. 기표를 중심으로 의미를 해체하여 의미를 변용하는 것이 정신분석이다. 아버지라는 기표에 악마 혹은 원수와 같은 기의가 담겨 있다면 기표를 바꾸는 것이 아니라 기의를 바꿔야 정신분석이 가능해진다. 정신분석은 기표를 바꾸는 작업이 아니고 기의를 바꾸는 작업이다. 그렇기 때문에 정신분석에서는 기표가 우위에 있다. 기의는 변용이 가능하지만, 기표는 변용되지 않는다. 그러나 기의가 변용되지 않는다면 새로운 기표를 창안할 것을 제안하기도 한다. 기표에 담긴 무의식이 변용될 수 없는 것이라면 새로운 기표를 창안하여 새로운 담화 구조를 만들기도 한다. 담화 구조를 구성하는 것은 기의가 아니라 기표라고 보았기 때문이다.

　라캉은 랑그와 파롤 개념을 기표와 기의 개념처럼 바꿔서 사용하지 않지만, 파롤 개념보다 랑그 개념을 우위에 두고 확대하고 발전시켰다. 라캉은 정신분석은 결국 언어 분석이라고 보았고 언어 자체보다 담화를 분석해야 한다고 보았다. 언어 자체보다 담화를 분석해야 한다고 말하는 이유는 말보다 말하지 않는 것에 더 많은 의미가 담겨 있기 때문이다. 라캉은 말하지 않으려고 노력하는 지점이 오히려 담화의 중심을 이룬다고 보았다. 그래서 담화를 분석하기 위해서 가장 중요한 것은 그 담화에 나타난 구멍이다. 상징계의 공백에 대상a가 있듯이 담화의 구멍에도 대상a가 있다. 라캉은 상징계에 의해 견고하게 구성된 내담자의 담화 체계에서 구멍을 발견하고 담화가 그 구멍, 즉 대상a를 어떻게 다루는가를 살펴본다. 그리고 분석가가 그 대상a의 역할을 하며 대상a가 내담자의 담화의 중심이 되도록 담화 체계를 재구성하는 과정이 라캉의 정신분석 과정이다. 이 과정은 논리적 시간성과도 같고 욕망의 환상을 가로지르는 과정과도 같다.

라캉은 대상a를 중심으로 구성된 담화 안에 정신분석의 핵심이 있다고 보았다. 라캉의 담화이론은 주체의 대상a를 억압하는 사회적 담화와 그 담화 안에 은폐되어 있는 욕망을 분석하는 이론이다. 사회적 담화 안에 형성된 법과 시선은 개인의 쾌락을 억압한다. 그렇게 억압된 개인의 쾌락은 적절히 은유되거나 환유되지 못하면 증상이 되어 드러난다. 쾌락의 은유와 환유는 주체가 엄마의 책임에서 아버지의 책임으로 옮겨지는 사건에서 시작되기 때문에 증상을 탐색하기 위해서는 어린 시절부터의 생애 주요사건과 인간

관계를 탐색해야 한다. 이 과정에서 억압된 쾌락을 끌어내야 하므로 분석가는 억압 이전의 쾌락을 향유하게 해주었던 엄마의 역할을 해주어야 한다. 라캉은 이렇듯 억압된 쾌락에 접근하는 담화를 분석가 담화라고 불렀다.

분석가 담화는 라캉의 네 개의 담화이론 중 하나의 담화다. 세미나 17을 중심으로 구성된 라캉의 담화이론은 '담화는 사유의 절차를 구성한다'는 세미나 7의 이론이 발전해 담화의 변화가 사유의 변화를 가져온다는 주장을 담고 있다. 세미나 11에서는 이미 '증상은 타자의 언어가 남긴 흔적 때문에 발생했다'고 규정하고 '언어에 나타나는 타자의 반복을 정지하고 자신의 언어를 도입해야 한다'고 주장하며 이를 '언어실험'이라고 표현했다. 라캉은 증상이 나타나는 담화로 주인 담화, 대학 담화, 히스테리 담화를 구분하고, 분석가가 증상을 치료하기 위해 취해야 할 담화 구조를 분석가 담화라고 했다. 이 네 담화는 대상a를 어떻게 다루는가에 따라 변화한다. 대학 담화는 대상a를 평가하고 분절하며, 주인 담화는 대상a를 억압하고, 히스테리 담화는 대상a를 은폐한다. 분석가 담화만이 대상a를 직면하고 향유한다. 한 사람이 늘 한 담화 방식으로 발화하는 것이 아니라 상황과 시기에 따라서 담화 유형이 바뀔 수 있지만, 주로 지배하는 담화는 존재한다. 그리고 담화 유형에 따라 사회 속의 자기의 지표를 드러낸다.

라캉은 담화를 하나의 구조로 보고 이 네 종류의 담화 구조 안에서 증상에 대한 분석이 가능하다고 보았다. 그리고 이 네 종류의 담화에 필요한 네 개의 장소를 구성했다. 그 네 개의 장소는 '행위자, 타자, 진리, 생산'이다. 이 네 개의 장소는 다음과 같이 위치한다.

$$
\frac{\text{행위자}}{\text{진리}} \quad \xrightarrow{\quad} \quad // \quad \frac{\text{타자}}{\text{생산}}
$$

　행위자는 말하는 사람이다. 말은 반드시 타자를 향한다. 여기서 타자는 실제의 타자일 수도 있고, 행위자 안에 구성된 타자, 타자의 영향으로 주체화된 소타자, 즉 대자일 수도 있다. 여기에서의 말은 음성을 통한 언어에만 한정하지 않으며 의미를 전달하는 모든 행위를 포함한다. 그 행위는 행위자의 진리를 표현하기 위한 기표일 뿐이지 진리 자체는 아니다. 진리는 스피노자의 진리 개념처럼 주체를 주체되게 하는 자기의 유일성이다. 행위는 기표를 전달할 뿐 진리를 모두 전달할 수 없다. 그 행위의 진리는 숨겨지고 기표만 전달되기 때문에 그 기표를 전달 받은 타자의 생산물은 진리와 일치할 수 없다. 기표로 전달되는 진리는 모두 말해지지 않고 반만 말해지기 때문이다. 결국 진리의 나머지 반은 은폐되고 생산물은 억압되어 드러나지 않는다. 은폐는 자기로부터 기인한 상실이고 억압은 타자에 따른 상실이다.

라캉은 진리가 행위자에 의해 숨겨지고 타자는 생산물을 억압한다고 보았다.

도식에서 가로선은 소통을 방해하는 장애물로 기능한다. 라캉은 행위자와 타자의 완벽한 의사소통은 불가능하며 진리와 생산의 관계는 무능력하다고 정의했다. 행위자가 진리를 은폐하는 힘이 클수록 진리의 생산은 무능력해진다. 이러한 무능력과 불가능성은 행위자의 행위를 더 강화하게 만들지만, 진리가 더 은폐되기 때문에 더 아무것도 알지 못하게 되는 것과 같다. 이는 결국 진리의 불충족으로 담화의 구조가 중단될 위기를 초래하고 이로써 증상이 나타난다. 증상을 유발하는 담화들은 억압에 의존한 담화들이고 치료적인 담화는 억압에 귀속되지 않는 열린 담화로, 대상a가 발화하는 담화들이다. 이렇듯 대상a에 의존한 담화란 자신의 증상이 행위자가 되는 것을 의미한다. 이러한 담화, 즉 분석가 담화는 억압되었던 쾌락을 향유함과 동시에 증상적 아픔과 통증을 토해낸다.

주인 담화, 대학 담화, 히스테리 담화, 분석가 담화라고 부르는 네 종류의 담화 구조에 행위자, 타자, 진리, 생산이라고 부르는 네 개의 담화 장소가 있고, 주인기표(S1), 지식기표(S2), 분열된 주체(S), 대상a(a)라고 부르는 네 개의 기표가 있다. 네 개의 담화 장소에 네 개의 기표가 순차적으로 자리하면서 네 종류의 담화 구조가 등장한다. 주인기표는 첫 번째 기표 혹은 하나의 기표라는 의미로 기표에 해당하는 프랑스어 Signifiant의 S에 1을 붙여 S1이라고 쓴다. 라캉은 주체에게 가장 먼저 상징화된 기표가 존재한다고 보았다. 이러한 것은 한번 상징화가 되면 바뀌기 힘들다. 평생 주체에게 변할 수 없는 의미로 인식된다. 이러한 첫 번째 상징화의 기표는 주체의 의식과 무의식에서 주인의 역할을 하기 때문에 주인기표라고 불렀다. 주인기표는 다른 정보와 지식들을 융합하여 하나의 전달 가능한 의미 단위를 구성한다. 즉 주인기표 자체는 아직 의미 단위가 아니다. 주인기표가 무엇인가에 따라 다른 정보들의 정체성과 의미는 완전히 달라질 수 있다. 세미나 11에서 라캉은 주인기표를 억압 이전에 존재했던 어머니의 욕망에 한정하여 설명했지만, 세미나 12에서 주인기표의 범위를 확장하여 주체의 무의식과 의식의 주인이 되는 절대적 기표들이 주인기표의 역할을 한다고 설명했다. 그리고 세미나 17에서는 아버지의 기표, 즉 억압의 결과로 나타난 기표가 주인으로 작동하며 주인기표가 될 수 있음을 설명했다. 즉 세미나 11 이전에 등장한 주인기표가 기억 혹은 의미화가 불가능한 무의식의 영역이라면 세미나 12 이후 등장한 주인기표 특히, 세미나 17의 주인기표는 새로 창안 가능한 기표며, 주체는 어머니와 아버지로부터 시작된 주인기표를 전복하고, 스스로 창안한 새로운 주인기표를 실천하여 주체화할 수 있다. 주인기표는 내가 누구인지를 말해주는 지식을 흔들거나 고착하는 힘이 있다. 아버지와 어머니로부터 주입된 주인기표가 주체에게 나타나 증상이 되면, 주체는 아버지와 어머니로부터 주입된 주인기표를 해체하고 정신분석을 통하여 자신의 주인기표를 창안한다.

이러한 주인기표는 무조건적이고 설명 불가능한 기표기 때문에 주체는 타자와의 교류를 통해 타자로부터 해당 기표를 증명 받길 원한다. 이렇게 주인기표를 논리적, 지식적으로 인정하는 기표를 지식기표라고 하며 두 번째 기표라는 의미에서 S2라고 쓴다. 지식기표는 상식화, 고정관념화된 기표다. 주인기표와 달리, 의미화되고 사유화될 수 있다. 즉 주인기표는 의미화된 기표가 아니기 때문에 주인기표의 가치는 지식기표와의 융합에 의해 결정된다.

주인기표와 지식기표는 주체를 있는 그대로 보여줄 수 없다. 기표는 주체의 진리를 표현할 수 없기 때문이다. 주체와 주인기표 사이, 주체와 지식기표 사이에는 간극과 결핍이 발생한다. 이러한 간극과 결핍으로 주체는 세상에 온전하게 표상되지 못하고 분열되어 나타난다. 그래서 라캉은 주체를 표현하는 프랑스어 Sujet의 S에 빗금(/)을 그어 $\$$라고 표시하고 분열된 주체라고 부른다. 이러한 분열과 결핍은 주체에게 심리적 증상을 유발한다. 더불어 그 분열과 결핍의 자리에 주인기표와 지식기표에 의해 억압되어 세상에 표상되지 못한 주체의 잔여분이 있기 때문에 그 잔여분은 증상임과 동시에 세상에 드러내지 못한 잃어버린 주체가 된다. 그렇게 세상에 표상되지 못하고 잔여분이 된 주체

의 억압된 쾌락의 조각이 대상a다. 그 잃어버린 주체는 억압되어 무의식화되어 있지만, 의식화되면 억압되어 향유하지 못했던 쾌락을 경험할 수 있게 된다. 이렇게 향유되는 쾌락은 상징계가 상징화하고 남는 주이상스이기 때문에 잉여 주이상스(잉여 향락)라고 부른다.

잉여 주이상스는 아버지의 법, 즉 지식기표가 등장하기 이전에 엄마와의 이자 관계에서 향유하던 쾌락과 같이 욕구를 충족한다. 엄마와의 이자 관계에서 누리던 쾌락은 아버지의 법을 통해 사회화되어야 했기에 온전히 쾌락을 충족해주었던 엄마와의 이자 관계가 깨어지고 그 안에서 누리던 쾌락은 억압되었다. 이자 관계에서 누렸던 이 쾌락은 억압되었지만, 사라진 것이 아니라 주체의 요소로 남아 있었다. 사람에게는 실행된 현실보다 실행되지 못했지만, 마음에만 있는 현실이 심리적으로는 더 중요하다. 때문에 억압된 쾌락은 억압한 대상으로 구성된 세계, 즉 상징계로 수시로 흘러나온다. 이것이 증상이다. 특히 증상으로 나타났다면 사건적 현실보다 억압된 세계 속에 있는 심리적 현실이 더 중요하다. 그런 면에서 보면 심리적 현실은 적극적으로 탐색해야 할 대상이다. 프로이트는 "그것이 있던 곳에 내가 도래해야 한다."고 말했고 라캉은 여기서 "그것"은 "억압되지 않는 곳"이라고 말했다. 억압되지 않은 곳은 상징계 진입 이전의 세계, 즉 엄마와 누렸던 이자 관계에서의 쾌락의 세계다. 사회화된 세계, 즉 상징계에서는 이자 관계에서의 쾌락은 의미 없는 것, 쓸데없는 것으로 치부된다. 엄마와의 이자 관계에서 누렸던 쾌락에 대하여 라캉은 네 가지 부분 충동, 즉 시각 충동, 청각 충동, 항문 충동, 구강 충동을 제시한다. 시각 충동은 아이가 엄마를 바라보고 바라봐지는 쾌락이고, 청각 충동은 엄마를 부르고 이름이 불리던 쾌락이며, 항문 충동은 배설과 신체와 관련한 항문기적 쾌락이고, 구강 충동은 엄마의 젖가슴을 빨고 음식을 먹는 등의 입과 관련한 쾌락이다. 사회화된 이후에는 이 쾌락들은 무의미한 것 혹은 향유해서는 안 되는 것으로 치부되며 이것이 향유된다면 그것은 있어도 그만, 없어도 그만인 잉여 주이상스일 뿐이다. 라캉은 이러한 잉여 주이상스는 밑 빠진 독에 물붓기처럼 끝도 없다고 표현하며, 간지럼부터 활활 타오르는 불덩어리까지 다양한 형태로 나타난다고 말했다. 마르크스의 잉여 가치처럼 잉여 주이상스는 상징계에서 목적을 갖고 생산하는 의도적 쾌락 이외의 남아도는 쾌락이다. 잉여 주이상스는 억압되었던 증상임과 동시에 쾌락이 되며 존재의 결핍과 사랑의 부재를 대체하기 때문에 라캉은 특정하지 않은 '대상a'와 혼용하기도 한다. 특정되지 않는 이유는 모호하기 때문이다. 그래서 상징적 기표로 쓸 때에는 a라고 쓴다. 대상a는 공백의 기표이기 때문에 담화에서 순조롭게 등장하기보다 우회와 왜곡, 심지어 거짓말의 형식으로 등장한다. 억압되었던 것은 기표들의 논리적 연결의 실패를 통해 등장하기 때문이다. 그렇게 선명한 지식의 세계에 등장하는 대상a의 모호함은 해명되지도 특정되지도 않기 때문에 소외되고 무시되거나 더욱 적극적으로 은폐되고 억압된다. 억압되었을 때에는 증상이었던 것이 의식화되어 누릴 수 있는 쾌락이 되기 시작한다. 때문에 증상은 제거하는 것이 아니라 주체화되어 변화하는 것이다. 대상a는 담화 구조의 어느 위치에 있느냐에 따라 증상의 원인이 되기도 하지만, 동시에 증상을 해결하는 열쇠가 되기도 한다. 대상a의 위치와 역할은 라캉의 담화이론에서 가장 중요한 역할을 하며 분석가의 목표는 대상a를 찾는 것이라고 표현해도 무리가 아니다. 대상a는 실제 생애 속에서는 억압되어 향유하지 못했지만, 억압이 없었다면 향유했을 쾌락이다. 대상a는 관계나 관계의 대상일 수도 있고, 목소리나 타자의 응시일 수도 있으며, 특정한 상황이거나 상실해서 존재하지 않는 것일 수도 있다. 억압으로 주체가 향유하지 못하고 주체 바깥에서 순환하는 모든 쾌락이다. 그중에서 가장 유력한 것은 '엄마' 혹은 '엄마'의 역할이거나 '엄마'의 욕망이다.

우울과 불안, 강박과 히스테리와 같은 신경증은 쾌락과 욕망의 과도 혹은 결핍, 상실로 발생하기 때문에 대상a에 대한 향유가 영향을 미친다. 대상a 자체가 치료가 될 수는 없지만, 대상a를 다루는 자세와 삶의 방식은 치료적이다. 대상a를 억압하거나 포획하려 들지 않고 대상a에 직면하고 대상a가 말하게 하는 삶의 방식, 즉 분석가 담화의 방식이 치료적이다. 대상a는 대체로 아버지의 법과 욕망에 의해 억압되었던 '엄마'이거나 엄마의 욕망으로부터 흘러나온 잔재다. 라캉은 주이상스와 법을 엄마와 아버지로 대비하여 설명하지만, 이는 꼭 엄마와 아버지일 필요는 없으며 욕구를 만족시킨 서사와 법과 통제의 서사를 생각하면 적절하다.

대상a를 중심으로 형성되는 담화는 네 개가 있다. 대상a를 억압하는 주인 담화, 대상a를 판단하고 분절하는 대학 담화, 대상a를 은폐하고 다른 것을 대신하여 발화하는 히스테리 담화, 대상a를 직면하고 대상a가 말하도록 행위자에 위치하는 분석가 담화가 그것이다.

주인 담화는 진리의 자리에 주체가 있어서 주체를 드러내고 싶지만, 주인기표(S1)가 행위자에 위치한다. 때문에 주체가 말하는 것처럼 보여도 사실은 주체의 주인기표가 말하고 주체는 반만 말해진다. 주인 담화에서 행위자인 주인기표가 발화하는 대상은 지식기표(S2)다. 주인기표는 까닭도 이유도 없이 지배하고 지휘한다. 때문에 주인이 노예를 부리듯이 지식기표에게 주인기표를 정당화하도록 지시한다. 즉 주체가 주인 담화를 사용할 때 타자는 행위자를 무조건 정당화해야 한다. 그 결과 주인기표와 지식기표의 생산의 자리에 증상적 고통이자 잉여 주이상스인 대상a가 산출되지만, 주인 담화 구조에서는 잉여 주이상스가 향유되지 못하고 억압된다. 주인기표는 기표에 전적으로 의존하기 때문에 주체를 은폐한다. 진리의 자리에 있는 주체가 주인기표를 통해 반만 말해지지만, 어차피 주인기표는 해명하지 않기 때문에 주체가 반만 말해지는 것은 중요하지 않다. 이는 주로 가부장적 아버지에게서 나타나는 담화며 구조는 다음과 같다.

$$S1(주인기표) \longrightarrow S2(지식기표)$$
$$\underline{\quad\quad} \quad\quad\quad\quad \underline{\quad\quad}$$
$$\text{s(분열된 주체)} \quad\quad\quad a(대상a)$$

주인 담화가 잘 통제되면 주체적인 인간으로 살아가기도 하고 주도적인 결정을 할 수 있다. 그러나 타자와의 교류에 문제가 발생하기 쉽다. 주인기표로서의 신념에 따르는 것은 그렇게 해서 형편이 좋아지기 때문도 아니고 타당한 이유가 있어서도 아니다. 단지 주인이 그래야 하기 때문이다. 주체에게 이 신념은 권력이며 주인이다. 그래서 보편적 논리와 지식을 근간으로 하고 있는 지식기표의 인정을 열망한다. 그 결과로 주인기표를 중심으로 지식기표를 선별적으로 융합하여 가치 체계를 구조화한다.

대학 담화는 이미 사회적 가치 체계로 형성된 지식기표(S2)가 행위자의 자리에 위치한다. 지식이 행위자가 되면 주체는 이유와 논리를 구성하고 사유한다. 진리의 자리에 주인기표가 위치하여 주인기표를 드러내고 싶지만, 행위자는 보편적 기표인 지식기표이기 때문에 무조건적인 기표인 주인기표는 은폐되고 반만 말해진다. 주인기표가 은폐되지만, 지식을 구성하는 진리로서 주인기표가 은밀히 영향력을 행사한다. 지식기표는 주인기표를 은폐하면서도 주인기표를 위해 지식을 구성한다. 그리고 증상이자 쾌락인 대상a를 포획하기 위해 지식을 쏟아낸다. 대상a를 심문하고 판단하고 결국 지식 안에 포획하려고 한다. 그러나 이 지식은 완전한 지식이 아니라 종합적인 지식이다. 놓치고 상실한 지식이 많지만, 종합적이기 때문에 모든 것을 갖고 있다고 자부한다. 때문에 다른 이견의 여지를 주지 않는 강박적 경향을 나타낸다. 대상a를 향하지만, 지식으로 포획하려고 시도하기 때문에 향유하지 못하고 분해한다. 그래서 잉여적으로 나타나서 포획되지 않는 대상a와 이 지식은 일치할 수 없고 그 둘 사이에는 균열과 결핍이 생길 수밖에 없다. 결국 분열된 주체가 생산되고 주체를 억압한다. 대학 담화의 구조는 다음과 같다.

$$\frac{S2(지식기표)}{S1(주인기표)} \longrightarrow \frac{a(대상a)}{\$(분열된 주체)}$$

대학 담화를 사용하면 지식인으로서 보편적이고 상식적인 사람으로 살아갈 수 있다. 그러나 스스로 쾌락을 통제하고 분절하기 때문에 정서적인 대응이 어려울 수 있다. 대학 담화는 사회적 합의와 연구에 의해 충분히 논리적으로 그리고 지식적으로 뒷받침이 된 욕망, 즉 대타자의 욕망과 신념 그리고 고정관념으로 이루어진 담화다. 분석가가 대학 담화를 사용할 경우에 내담자의 증상은 분석가의 지식에 포획되어 쉽게 설득되고 삶의 방식을 교정하여 일시적으로 치유적 효과를 누리지만, 분석가의 지식기표도 내담자 본연의 욕망과 신념이 아니기 때문에 결국 억압은 다시 삶에 균열과 결핍을 발생시킨다. 대학 담화는 행위자의 자리에 지식기표를 위치하고 지식기표는 주체적 지식이 아니라 보편 지식, 즉 대타자의 지식이기 때문에 주체에게 결핍이 발생하고 주체는 그 결핍의 부분을 열망하며 지식은 왜곡된다. 나머지 지식은 타자의 지식이고 그 결핍이야말로 실재이기 때문에 그 왜곡에 대한 관심이 증상을 분석하도록 안내한다. 대학 담화를 사용하는 주체는 강박증을 동반할 가능성이 높다. 주체 자신의 눈이 아닌 대타자의 눈으로 자신의 쾌락을 포획하고 분해하기 때문에 대타자의 지식과 일치되지 않는 자신의 쾌락과 증상을 대타자의 지식과 일치하기 위해 끊임없이 자신을 채찍질한다.

　주인 담화와 대학 담화는 사회화, 즉 상징계적 욕망으로 구성된 담화다. 라캉은 내담자가 주인 담화와 대학 담화를 사용한다 할지라도 히스테리 담화로 전환하도록 요청한다. 주인 담화와 대학 담화는 발화자가 모두 주체 자신이 아니라 상징계적 기표들이기 때문이다. 즉 주인 담화와 대학 담화를 사용하는 내담자들은 자기가 주체적으로 말하는 것처럼 보여도 사실상 타자의 언어들을 나열할 뿐이기 때문이다. 이는 욕망하는 주체가 자신의 욕망을 추구하는 것처럼 보여도 결국 대타자의 욕망을 욕망하는 것과 다름없다. 히스테리 담화는 타자의 언어에서 벗어나 자기 자신이 타자의 욕망의 대상, 담화의 주인이 되고 싶어하는 담화 구조다. 라캉은 분석가 앞으로 오는 내담자들이 모든 기표를 토해내며 타자들의 기표들을 벗고 결국 히스테리 담화 구조로 들어가길 요구한다.

히스테리 담화는 내담자의 담화로 타자의 욕망으로 만들어진 자기의 상처와 분열, 억압된 쾌락을 폭로하는 담화다. 진리의 자리에 대상a가 있어서 대상a를 드러내고 싶지만, 분열된 주체가 행위자에 있기 때문에 사회가 규정해준 주체로서 말하고 억압된 쾌락인 대상a는 은폐되어 반만 말해진다. 다음의 도식이 히스테리 담화 도식이다.

$$\frac{\text{⵩(분열된 주체:행위자)}}{\text{a(대상a:진리)}} \longrightarrow \frac{\text{S1(주인기표:타자)}}{\text{S2(지식기표:생산)}}$$

대상a는 진리의 역할로 주체를 움직이는 힘이지만, 주체는 자기를 움직이는 힘을 드러내고 싶어 하지 않는다. 즉 대상a는 은폐되어 있다. 그럼에도 분석가 담화를 제외하고는 대상a를 반이라도 말할 수 있는 담화 유형이기 때문에 라캉은 상담 현장에서는 내담자의 담화 구조를 히스테리화해야 한다고 강조했다. 히스테리증 자가 대상a를 반만 말하는 방식은 우회와 왜곡의 형식이다. 이는 대상a가 타자의 억압의 방어적 필터링을 뚫고 자기를 드러내기 위한 전략이다. 대상a는 쾌락의 기표이기도 하지만, 동시에 고통의 기표이기도 하기 때문에 히스테리증 자는 대상a를 고통으로 인식하고 은폐한다. 자연히 동시에 쾌락도 은폐된다. 은폐된 쾌락인 대상a가 분열된 주체의 삶의 수면 위로 올라올 때면 쾌락을 은폐해야 하기 때문에 고통이 찾아오고 이것은 증상이 된다. 그래서 대상a는 쾌락이자 증상이며 사랑이자 증오다.

히스테리 담화에서 행위자의 자리에는 분열된 주체(S)가 나타난다. 그리고 그 분열된 주체가 열망하는 타자의 자리에는 강한 신념의 상징인 주인기표(S1)가 오고, 생산의 자리에 정의 내리고 판단해주는 지식기표(S2)가 놓인다. 분열된 주체는 스스로 대상a를 은폐해놓고 주인기표에서 은폐한 쾌락을 대체한 기표를 찾고자 한다.

분석가 담화는 억압된 쾌락인 대상a를 발화자로 가정하고 내담자의 억압된 쾌락을 드러내며, 쾌락을 억압하고 있는 기표들을 탐색한다. 진리의 자리에 지식기표가 있기 때문에 보편적 기표인 지식을 드러내고 싶지만, 발화자가 대상a기 때문에 지식은 반만 말해진다. 대상a가 행위자기 때문에 기표를 강화하는 방식이 아니라 기표를 느슨하게 하는 방식으로 접근하는 담화다. 대상a는 그동안의 삶에서 사용했던 기표로는 포획되지 않는다. 이는 그동안 사용하던 기표가 대상a를 억압하고 있기 때문이다. 억압되어 있는 대상, 즉 대상a를 탐색하기 위해서는 억압하는 모든 것에 저항하며, 자유로울 수 있는 담화 구조를 형성해야 한다. 때문에 분석가 담화에서는 대상a가 분열된 주체에게 열릴 수 있도록 억압 기재가 되는 지식기표와 주인기표를 은폐하고 억압한다. 즉 담화에서 내담자의 모든 억압을 해체한다. 다음이 분석가 담화의 구조다.

$$\frac{a(\text{대상}a)}{S2(\text{지식기표})} \longrightarrow \frac{\$(\text{분열된 주체})}{S1(\text{주인기표})}$$

대상a는 억압되었던 쾌락이자 사랑의 빈자리며 분열된 주체를 지탱하던 욕망의 잔존물이다. 분석가 담화는 대상a가 발화자라는 것에 주목해야 한다. 대상a는 억압되었던 대상이었기 때문에 자신을 억압의 방식으로만 다뤄왔다. 타자들에게는 억압의 대상이 아니지만, 자기 자신에게는 억압의 대상이다. 억압과 은폐의 행위자는 주체의 삶의 기준이 되는 기표, 즉 주인기표일 수도 있고, 누구에게나 공통적으로 있는 기표, 즉 지식기표일 수도 있다. 분석가는 분석 주체의 발화를 가로막는 고정관념인 지식기표를 은폐하고 내담자가 거침없이 발화하도록 그리하여 무의식 속에 감춰졌던 모든 이야기가 터져 나오도록 향락의 대상이 되어준다. 내담자는 이렇게 고정관념과 무의식적 억압을 뚫고 억압된 이야기를 꺼내는 사이에 치료적 경험을 하게 된다. 이 과정에서 분석가는 분석 주체가 주체적으로 추구한 쾌락과 욕망이 무엇인지 탐색한다. 그래서 주체적 욕망을 억압하게 만들었던 타자의 욕망을 분별하고 주체적 욕망을 추구하거나 창안하게 하여 신경증으로부터 벗어나는 길을 열어준다. 이것을 발화하는 행위 자체만으로도 쾌락을 가져다주며 치료적이다.

이러한 분석가 담화가 가장 적절하게 적용되는 대상이 히스테리 담화를 사용하는 주체다. 히스테리 담화는 분석가 담화를 만나면서 은폐했던 대상a를 행위자의 자리로 위치하고 기표들이 오른쪽으로 한 바퀴를 돌면 분석가 담화로 전환된다.

히스테리 담화(내담자)   분석가 담화(분석가)

$\$$(분열된 주체) → S1(주인기표) → a(대상a) → $\$$(분열된 주체)
―――――――――   ―――――――――
a(대상a)   S1(지식기표)   S2(지식기표)   S1(주인기표)

분석가 담화와 히스테리 담화가 만나면 히스테리 담화를 사용하는 내담자는 자신의 분열을 드러내게 된다. 즉 대상 a가 내담자의 은폐를 뚫고 드러난다. 억압되었던 대상a가 드러나도록 하기 위해서 라캉은 말실수, 숨기려는 말, 회피, 유머, 서로 충돌되는 생각과 말에 집중하게 한다. 그리고 억압된 것에 직면하여 의식화하고 발화할 수 있도록 안내하도록 요청한다. 증상적 담화 구조를 가진 내담자들은 자기가 말하는 것 같지만, 사실상 타자의 지식이 말하는 것이다. 그들은 사람을 기쁘게 하기 위해서 '말할 수 없는 것'은 말하지 않는다. 그러나 그 '말할 수 없는 것'은 내담자 자신이며 내담자는 자신을 말할 수 없게 되는 결과를 초래한다. 라캉은 이것이 '크리스찬 라이프'라고 불리는 '연기'일 뿐이라는 것을 모두가 알고 있다고 말한다. 이 연기를 거둬내고 진짜 자기의 담화를 찾는 과정이 라캉의 정신분석의 과정이다.

　때문에 라캉은 "분석가가 상담 과정에서 유일하게 강요해야 하는 상황이 있는데 그것은 내담자들로 하여금 마치 히스테리증 자처럼 자신을 장악하는 '지식'에 대항하여 주체 자신을 말하도록 지속적이고 끈질기게 요청해야 한다."고 주장한다. 내담자는 은유와 환유로 자신을 드러내지 않기 위한 강력한 방어막을 형성하는데 분석가가 말하게 함으로 억압된 것을 이탈하게 만든다. 이와 같이 자신을 고발하는 발화가 주체의 주인으로 자리 잡았던 타자의 말을 사라지게 함으로 자기가 무엇을 원하는지를 알도록 안내한다. 타자의 지식을 말하는 것이 연기였다면, 그 반대의 연기가 자기를 찾는 과정이 될 것이다. 타자의 지식을 버리고 말하지 못했던 것을 말하고, 말할 수 없는 것을 말함으로 주체적이 된다. 자기의 것이 아닌 것을 보지 않고, 듣지 않고, 기억하지 않고, 억압되었던 자기의 것을 기억하고, 보고, 듣고, 말한다. 이렇게 억압된 것, 말하지 못한 것을 말하게 함으로 내담자는 주체화되며 내담자를 이렇게 안내하는 것이 분석가의 욕망이다.

분석가 담화는 담화 대상자의 말을 전적으로 수용하며, 지식기표가 은폐의 자리에 있기 때문에 어떤 지식이나 규정을 통한 억압도 하지 않는다. '무의식의 의식화가 치료적'이라는 정신분석의 대명제는 억압이 존재하지 않는 담화 구조에서 실현된다. 분석가의 역할은 분석가가 갖고 있는 지식의 길로 내담자를 인도하는 것이 아니라 스스로 억압하는 기억과 감정들을 질문을 통하여 모두 쏟아내게 하는 것이다. 질문에 대한 답변은 내담자의 주체적 결정이어야 한다. 라캉은 분석가의 역할을 '엄마'의 역할과 동일시하였다. 아버지의 법에 의해 억압되었던 엄마의 역할, 엄마의 욕망의 자리에 분석가가 위치해야 한다. 그런 의미에서 분석가 담화는 엄마의 담화다. 분석가는 엄마의 역할을 하며 내담자를 엄마에게 연결된 아이가 되도록 안내한다. 그럼으로써 내담자는 사랑 받을 자격이 있는 존재가 된다. 이

러한 과정을 통해 내담자는 자기가 주체가 되는 증거를 타
자가 아닌 자기에게서 발견한다.

\에필로그

  후설은 자신의 책『현상학적 심리학』에서 심리학을 가장 오래된 학문 중 하나로 정의하며 심리학의 시작을 고대로 보았습니다. 그리고 1860년에 창안된 G. T. 페흐너의 정신 물리학을 심리학의 역사의 한 장으로 연결시킵니다. 그러나 페흐너의 정신물리학은 엄밀하게 말하면 그 이전의 심리학과는 완전히 다른 형식이었습니다. 그 이전까지는 인문학 토대의 심리학이었고 페흐너의 정신물리학은 자연과학이었습니다. 자연과학이 심리학의 역사 안으로 들어오는 순간이었습니다. 그 이후 1875년에는 해부학자였던 윌리엄 제임스가 하버드대학에서 심리학을 가르치면서 심리학이 자연과학의 영역으로 분류되는 것이 자연스러워졌습니다. 현대에 와서 심리학은 자연과학적 연구 방법으로 사회를 연구 대상으로 삼는 사회과학으로 분류하는 것이 일반적입니다. 그러나 더 오랫동안 심리학이 인문학의 영역이었다는 것은 부정하기 어렵습니다.

  정신분석학은 후설이 정의한 심리학의 역사와 달리 자연과학에서 시작하여 인문학으로 발전하고 있는 융합학문입니다. 혹자들은 정신분석학을 사장된 것으로 치부하기도 하지만, 여전히 정신분석학은 정신과 의사들이 가장 주요하게 사용하는 정신치료 방법 중 하나며, 상담학과 심리학의 기초 학문입니다. 들뢰즈와 가타리, 데리다, 바디우, 바르트 등 현대 철학의 가장 큰 흐름을 살펴봐도 정신분석학이 중심에 자리 잡고 있습니다. 정신분석학의 일부 이론에 대하여 부정적인 시선들이 존재한다 할지라도 지금까지 지대한 영향을 끼치고 많은 사례가 연구되는 것을 보면 정신분석학은 앞으로도 사라지지 않고 융합되고 발전하고 새로 태어나며 사람들의 정신을 다루고 문화와 철학에 영향을 줄 것입니다.

무엇보다도 라캉의 이론은 다양한 인문학을 연결하여 인간 본연의 심리를 통찰하고 있어서, 단지 한 시대를 풍미하고 사라질 것이라고 생각하기 어렵습니다. 라캉은 하이데거와 칸트, 레비스트로스, 소쉬르, 스피노자, 후설의 인문학적 통찰이 실제로 인간의 정신에 어떤 작용을 하는지 논리적으로, 사례로 증명해 왔습니다. 라캉을 둘러싼 인문학에 대한 연구와 공부는 시간을 지우고 마는 연기와 같은 글자가 아니라 독자들의 마음과 정신에 깊이 남아서 감정과 사고에 영향을 주고 변화를 줄 수 있을 것입니다. 그리고 그 마음과 정신은 주변의 타자들과 세상을 바라보는 시각에도 영향을 줄 것입니다.

책을 마무리하며, 제게 기호학과 담화성, 시간성, 타자성의 가치를 알려주신, 제 박사 논문 지도교수이자 학문적 멘토이신 김영순 교수님께 감사를 드립니다. 더불어 본 저서의 아이디어를 긍정적으로 평가해주시고 적자일 게 뻔한 인문학 서적의 출판을 감수해주신 yeondoo의 김유정 대표님께 감사드립니다. 무엇보다도 라캉을 먼저 연구해주신 선배 연구자들과 라캉의 이론을 실천하는 정신분석가들과 상담사분들, 그리고 부족한 책을 읽어내는 데 시간을 투자한 독자 여러분께 감사드립니다. 그 기표들이 마음에 깊이 남아서 삶을 풍요롭게 만들기를 바랍니다.

라캉을 둘러싼 인문학

\참고 문헌

강응섭(2017). 라캉의 언어학과 인지과학 사이에서. 현대정신분석, 19(1).

김서영(2013). 라캉, 비온, 칸트의 이론적 접점을 위한 고찰 : 실재, O, 물자체 개념을 중심으로. 현대정신분석, 15(2).

김석(2015). 히스테리에서 주인으로 - 라캉담론으로 읽는 1990년대 시대정 신. 한국학논집, 59

김영민(2006). 하이데거/라캉. 현대정신분석, 8(2).

김태숙(2004). 라캉의 네 가지 담론. 현대정신분석, 6(1).

김태숙(2012). 라캉의 대학담론과 자본주의. 비평과 이론, 17.

김현주(2017). 라캉의 주체담론 : 인간욕망구조의 서사성. 문학과 종교, 22(4).

남인숙(2011). 담화이론과 뒤샹의 성적 현실. 현대정신분석, 13(2).

라깡과 임상연구센터(2017). Knots 1 Depression. CSLC.

라캉분석치료연구소(2017). 자크 라캉과 정신분석의 이면. 인간사랑.

맹정현(2015). 멜랑콜리의 검은 마술. 책담.

박선영(2013). 라캉과 하이데거의 안티고네 : 죽음충동, 사물, 정신분석의 윤리. 현대정신분석, 5(1).

박시성(2007). 라캉의 담론과 현대의학. 현대정신분석, 9(2).

박시성(2012). 자크 라캉의 임상정신분석. 현대정신분석, 6

박찬부(2011). 라캉의 의미론 : S1-S2. 비평과 이론, 6(1).

백상현(2016). 라캉의 루브르. 위고.

백상현(2017). 라캉의 인간학 : 세미나 7 강해. 위고.

백상현(2020). 라캉의 정치학 : 세미나 11 강해. 에디투스.

이수진(2018). 히스테리 분석의 종결의 의미. 현대정신분석, 20(2).

이유섭(2010). 라캉의 욕망의 기호학 - 소쉬르에서 라캉으로. 현대정신분석,
12.

이유섭 (2008). 라캉의 기호학적 정신분석에 관한 일고찰. 현대정신분석,
10(1).

최혜륜 · 김종주(2001). 정신분석 임상에 있어서 우울증. 현대정신분석, 3(1).

홍준기(2002). 후설, 데카르트, 라캉의 주체개념. 철학사상, 14.

홍준기(2007). 헤겔의 주인 - 노예 변증법과 라캉 : 강박증 임상. 현대정신분
석, 9(2).

홍준기 · 박찬부(2007). 라캉의 임상철학과 정신분석의 정치성. 현대정신분석,
9(1).

Alicia M. Evans & Nel Glass · Michael Traynor(2014). Anxiety
and surplus in nursing practice: lessons from Lacan and Bataille.
Nursing Philosophy.

Allouch, J(2009). L'amour Lacan. 박영진 역(2019). 라캉의 사랑. 세창
출판사.

Alparone, D & Valentina & Lucia La Rosa(2020). Heidegger and
Lacan : Language Beyond Communication. Language and

Psychoanalysis.

Arfi, B(2010). Fantasy in the discourse of 'Social Theory of International Politics'. Cooperation and Conflict.

Baruch de Spinoza. Ethica. 황태연(2014). 에티카. 비홍출판사.

Brown, T(2008). Desire and Drive in Researcher Subjectivity : The Broken Mirror of Lacan. Qualitative Inquiry.

Burman, E(2016). Fanon's Lacan and the Trauma togenic Child:Psychoanalytic Reflections on the Dynamics of Colonialism and Racism. Theory, Culture & Society.

Calum Neill(2013). Breaking the text: An introduction to Lacanian discourse analysis. Edinburgh Napier University.

Casper, H(2010). 'Not even semblance': exploring the interruption of identification with Lacan. Organization.

Claude Lévi-Strauss. L'Anthropologie Face Aux Problemes Du Monde Moderne. 류재화(2018). 레비스트로스의 인류학 강의. 문예출판사.

Clement, J(2019). THE 'DISCOURSE OF NEOLIBERALISM' AS A NEW READING OF THE CAPITALIST'S DISCOURSE. Ágora.

Daniel C. Knudsen & Jillian M. Rickly & Elizabeth S. Vidon(2016). The fantasy of authenticity: Touring with Lacan. Annals of Tourism Research.

Dries Dulsster · Stijn Vanheule(2019). ON LACAN AND SUPERVISION: A MATTEROF SUPER-AUDITION. British Journal of Psychotherapy.

Evans, D(1996). Dictionary of Lacanian Psychoanalysis. 김종주 역 (1998). 라깡 정신분석 사전. 인간사랑.

EDMUND HUSSERL. Vorlesungen Zur Phanomenologie des inneren Zeitbewußtseins. 이남인, 김태희(2020). 에드문트 후설의 내적 시간 의식의 현상학. 서광사.

Fink, B(1997). A Clinical Introduction to Lacanian Psychoanalysis. 맹정현 역(2002). 라깡과 정신의학. 민음사.

Ferdinand de Saussure. Cours de linguistique generale. 최승언(2006). 일반언어학 강의. 민음사.

Feyaerts, J(2015). How to return to subjectivity:Natorp, Husserl, and Lacan on the limits of reflection. Theory & Psychology.

Fink, B(1997). The Lacanian Subject. 이성민 역(2010). 라깡의 주체. 도서출판b.

Gunder, M & Hillier, J(2009). Planning in Ten Words Or Less: A Lacanian Entanglement with Spatial Planning. Ashgate.

Georg Wilhelm Friedrich Hegel. Phanomenologie des Geistes. 김양순(2011). 정신현상학. 동서문화사.

Gertrudis Van de Vijver(2017). The Mark, the Thing, and the Object: On What Commands Repetition in Freud and Lacan. Psychoanalysis and Neuropsychoanalysis.

Horbury, A(2016). Digital Feminisms and the Split Subject: Shortcircuits through Lacan's Four Discourses. ORIGINAL SCIENTIFIC PAPER.

Immanuel Kant. kritik der reinen Vernunft. 백종현(2006) 순수이성비판. 아카넷.

Kareen Ror Malone & Stephen R. Friedlander. (2000). The Subject of Lacan: A Lacanian Reader for Psychologists. State university of New York Press.

Kobayashi Yoshiki(2014). Une Psychose Lacanienne. 이정민(2017). 라캉, 환자와의 대화. 에디투스.

Lacan, J(1966). Ecrits. 홍준기 · 이종영 · 조형준 · 김대진(2019). 에크리. 새물결.

Lacan, J & Buholzer, A. (1957). BOOK IV: The Object Relation & Freudian Structures.

the Earl's Court Collective .

Lacan, J & Gallagher, C. (1959). BOOK VI: DESIRE AND ITS INTERPRETATION . http://www.lacaninireland.com.

Lacan, J & Gallagher, C. (1962). BOOK IX: IDENTIFICATION. http://www.lacaninireland.com.

Lacan, J & Gallagher, C. (1963). BOOK X: ANXIENTY. http://www.lacaninireland.com.

Lacan, J & Gallagher, C. (1969). BOOK XVI: From The Other to an other. http://www.lacaninireland.com.

Lacan, J & Gallagher, C. (1970). BOOK XVII: Psychoanalysis upside down/The reverse side of psychoanalysis. http://www.lacaninireland.com.

Lacan, J & Gallagher, C. (1971). BOOK XVIII: On a discourse that might not be a semblance . http://www.lacaninireland.com.

Lacan, J & Forrester, J. (1953). BOOK I: Freud's Papers on Technique. Cambridge University Press.

Lacan, J & Forrester, J. (1955). BOOK II: The Ego in Freud's Theory and in the Technique of Psychoanalysis. Cambridge University Press.

Lacan, J & Forrester, J. (1956). BOOK III: The Psychoses. Cambridge University Press.

Lacan, J & Forrester, J. (1960). BOOK VII: The Ethics of Psychoanalysis. Cambridge University Press.

Heidegger, M(1927). Sein und Zeit. 이기상 역(1996). 존재와 시간. 까치.

Lepoutre & Isabel Fernandez & Fanny Chevalier & Marie Lenormand & Nicolas Guérin(2020). The Psychoanalytical Boundaries of the Ego:Freud, Klein, Winnicott, Lacan. Science Direct.

Miller, J, A(1973). Les quatre concepts fondamentaux de la psychanalyse. 맹정현 역(2008). 자크 라캉 세미나 11 : 정신분석의 네 가지 근본 개념. 새물결.

Miller, J, A(1975). Les ecrits techniques de Freud. 맹정현 역(2016). 자크 라캉 세미나 1 : 프로이트의 기술론. 새물결.

Olga, C. (2000). LACAN'S DOCTORAL THESIS : TURBULENT PREFACE OR FOUNDING LEGEND?. Psychoanalytische Perspectieven.

PLATO. Symposium. 김영범(2008). 향연. 서해문집.

Rosa, L & Carla, A & Alberto Siracusano & Diego Centonze(2021). From the Imaginary to Theory of the Gaze in Lacan. Psychology for Clinical Settings.

Schrans, D(2018). The Individual and the Collective: Sociological Influences on Lacan's Concept of the Relation Subject—Other. Psychoanalysis and Neuropsychoanalysis.

Stijn Vanheule(2016). Capitalist Discourse, Subjectivity and Lacanian Psychoanalysis. Psychoanalysis and Neuropsychoanalysis.

White, M(2007). Maps of Narrative Practice. 이선혜 · 정슬기 · 허남순 역(2010). 이야기치료의 지도. 학지사.

Yan, G(2017). Producing Extreme Metal festivals: An analysis from Lacan's gaze. Tourism Management.

라캉을 둘러싼 인문학

초판 1쇄 발행 2022년 6월 13일

지은이   권요셉

편집   김유정
디자인   문유진

펴낸이   김유정
펴낸곳   yeondoo
등록   2017년 5월 22일 제300-2017-69호
주소   서울시 종로구 부암동 208-13
팩스   02-6338-7580
메일   11lily@daum.net

ISBN   979-11-91840-29-2 03100